La Croissance de l'Eglise
Par
LE DISCIPULAT

AF137597

Réveillons-nous et bâtissons l'édifice vivant de Dieu

La Croissance de l'Eglise

Par

LE DISCIPULAT

P.D. MULAND MUTEB

Le Code de la propriété intellectuelle interdit les copies ou reproductions destinées à une utilisation collective. Toute représentation ou reproduction intégrale ou partielle faite par quelque procédé que ce soit, sans le consentement de l'auteur ou de ses ayants cause, est illicite et constitue une contrefaçon sanctionnée par les articles L.335-2 et suivants du Code de la propriété intellectuelle.

© 2009 Pierre-Dieudonné Muland Muteb
Edition : Books on Demand GmbH, 12/14 rond-point des Champs Elysées, 75008 Paris, France
Imprimé par : Books on Demand GmbH, Norderstedt, Allemagne
ISBN 978-2-8106-0755-6
Dépôt légal : mai 2009

A toute la famille de Dieu, particulièrement à la communauté Charismatique de Mangembo,

A toi Brigitte Muland, en souvenir affectueux du 16 Février 1995,

A vous Schadrac, Tychique, Jenny et Rebecca, mes enfants du cœur avec de grandes attentes pour l'avenir.

REMERCIEMENTS

Lorsque le frère et bien-aimé Bona Simudenke me suggérait de mettre mes prédications par écrit, car soulignait-il, que cela contribuerait beaucoup plus à la continuité de l'œuvre de Dieu, et je n'ai pas hésité à le faire. Je m'y engageais déjà, mais ce livre est le fruit d'une révélation particulière de Dieu.

Mettant d'autres occupations de côté, la nécessité m'a été imposée de rédiger cet ouvrage, un instrument de travail pour la croissance normale de l'Eglise en conformité avec celle des Actes des apôtres.

Pour répondre aux exigences, il m'a fallu être aidé ; et cela n'a pas manqué.

Je tiens d'abord à remercier le bon Dieu, mon révélateur de toutes choses, pour son onction si puissante et bienfaisante pendant tout le temps de rédaction de ce livre.

Mes remerciements s'adressent également à monsieur Emmanuel Zayi Vuvu pour ses sages conseils techniques, et à monsieur François Lumbala pour la saisie de ce livre, sans oublier les Serviteurs de Dieu Evariste Epapa Besembe et Charles Opele comme correcteurs.

Je remercie de tout cœur tous les auteurs de différents manuels consultés dont l'apport scientifique et spirituel a été, l'un des plus déterminants pour la rédaction et le succès de cet ouvrage. Notamment, Le docteur Juan Carlos Ortiz ; le docteur Zacharias Tanee Fomum ; l'évêque Baughen ; Le docteur Henrichsen W.A. ; les pasteurs Pierre Gadina et Nyamuke Asial' Ubul et sans oublier monsieur Philippe de la Cotardière.

J'exprime les mêmes sentiments d'un grand merci à mes proches collaborateurs du centre Biblique, La Main d'Association, de la Communauté Charismatique de Mangembo, et, en particulier Le docteur René Masasu, les pasteurs Espérance Mbakadi Nyoka, Jean - Pierre Tchin, Auguy Mbona, Jean- Pierre Luzolo, Jean-Pierre Mwarabu, Freddy Bikomba, Gabriel Mutshail Fwamba ainsi que le pasteur Jean Bosco Kindomba pour leurs sages conseils.

Une mention toute spéciale doit être faite ici au subside combien substantiel des bien-aimés dans le Seigneur Lambert Nyembo Muhemedi et Marie Undu qui, pour moi, leur acte de générosité et de solidarité demeure inoubliable pour la réussite de cette merveilleuse aventure avec Dieu.

Avec le discipulat, l'Eglise peut irrésistiblement et efficace-ment gagner le monde entier pour Christ sans tambour ni trompette, et à moindre frais.

« Peu importe à quel point le groupe est petit au départ, du moment où il communique sa vision à des hommes et à des femmes qui, à leur tour, transmettront la parole à d'autres qui se multiplieront à leur tour... » Dr. Robert Coleman.

Aussi, « la nouvelle plante a besoin de soins intensifs, donnés par les plus anciens jardiniers et dans un enclos. bien délimité, pour la protéger, la soigner, l'entourer de chaleur (amour) et la bonne humidité (prières). Enseignements des apôtres, communion fraternelle, fraction du pain, prières, crainte, fréquentation les uns des autres, reconnaissance constante envers Dieu et témoignage avec joie et simplicité de cœur, sont les ingré-dients indispensables à une croissance harmonieuse de chaque membre pour celle du corps entier » (Jn.20 :21,2tim.2 :2)[1].

La croissance résultant d'un tel processus sera sans conteste grandiose.

---

[1] J.B.A.B. l'auteur du livre intitulé : « Ce qui écrit, voilà l'Essentiel », n'a pas trouvé nécessaire de donner son identité sinon des initiales simplement (J.B.A.B) par crainte d'influencer les lecteurs à le lire par ses titres ou le degré de ses réussites. Certes, il ne faut pas avoir cette habitude de prendre l'homme comme référence pour se prédisposer à le lire.

AVANT- PROPOS

« En effet, si l'un de vous veut bâtir une tour, est–ce qu'il ne prend pas d'abord le temps de s'asseoir pour calculer ce qu'elle lui coûtera et de vérifier s'il a le moyen de mener son entreprise à bonne fin ? Il en est de même pour vous ; celui qui n'est pas prêt à abandonner tout ce qu'il possède, ne peut pas être mon disciple » Luc 14 : 18,33 (B.S)[2]

Il serait malhonnête de notre part de ne pas avertir nos lecteurs, plus particulièrement, les responsables des assemblées locales ou indépendantes que ce manuel invite, pour ceux qui ne l'ont pas encore fait, à changer leurs « visions » et les différentes stratégies de conduite de l'œuvre de Dieu par un retour à la « vision originale » et « authentique » de Dieu : faire de toutes les nations des « disciples » du Christ, Matthieu 28 : 18-20.

Nous savons que ce changement, surtout pour une église de multitude déjà enracinée dans un système donné des cérémonials, valeurs et doctrines coûte quelque chose : revenir à la vision de Dieu, celle de faire de tous les hommes et de toutes les femmes de disciples du Seigneur, n'est pas de nature à plaire tout le monde. Cela veut vraiment dire abandonner volontairement sa propre vision et prendre l'engagement d'amener les chrétiens à l'idéal de Dieu, selon la méthode préconisée par Dieu lui-même. Il y a certainement un prix à payer de quelque manière que ce soit : la lecture du présent ouvrage ne sera d'aucune utilité à quiconque ne serait prêt à repenser particulièrement ou entièrement ses propres méthodes, stratégies, plans et idées non conformes à la volonté de Dieu pour ce qui est de la croissance spirituelle individuelle et collective, car nous soutenons que le discipulat est la meilleure méthode de notre Seigneur Christ Jésus.

Bruxelles, le 13 Août 2008

---

2   B.S. : Bible de Semeur.

PREFACE

Cet ouvrage que nous présente l'auteur aujourd'hui, est à sa première édition. C'est un message de restauration pour l'Eglise de nos jours, afin qu'elle se conforme à l'ordre suprême de notre Seigneur Jésus-Christ, lequel consiste à « faire de toutes les nations des disciples » du Christ et non des foules emportées par tout vent de toutes doctrines. Cela conduira à la croissance normale de l'Eglise.

Il constitue un outil nécessaire à l'épanouissement et au développement normal des responsables des églises, des chrétiens et de l'Eglise en général, dans la vision première du Maître Suprême. Conscient que la première édition de cet ouvrage ne peut tout contenir au sujet du discipulat et qu'il pourrait avoir quelques imperfections inhérentes à toute réalisation humaine, l'auteur reste ouvert à toutes les observations qui permettront d'en améliorer les prochaines éditions.

Bruxelles, Août 2008

INTRODUCTION

L'Eglise actuelle connaît de multiples difficultés, notamment celles relatives au perfectionnement des saints, à l'édification du corps du Christ, à sa vie et à son extension normale. Et pour causes ? La désobéissance silencieuse à l'ordre Suprême du Christ avant son ascension: « faire de toutes les nations des disciples » (Mat.28 : 18-20).

La première étape de cette mission confiée à l'Eglise par Christ consistait à se concentrer sur les personnes désireuses de le connaître pour en faire ses disciples. Quant à la seconde, elle portait sur l'engagement personnel de chaque disciple dans l'œuvre de Dieu. Malheureusement, de nos jours, l'Eglise se complait à faire des convertis que nous qualifions « d'intéressés » aux affaires religieuses, ceux que Dr. Zacharias dans son livre sous titré : « Faire des disciples » considère comme des « nains » spirituels, c'est-à-dire, des gens qui, après plusieurs années dans le Seigneur, demeurent des bébés au lait et ne deviennent jamais des adultes pour se prendre en charge, ni rendre services aux autres. Il est difficile à le comprendre, mais c'est là la triste réalité. Comment pouvons-nous expliquer qu'un chrétien de longue date ne soit toujours pas en mesure de conduire quelqu'un à Christ ? Parce que non seulement son « enfance » l'empêche de le faire convenablement, mais puisqu'il est aussi et surtout incapable d'engendrer celui qui lui ressemble, car « ne peut donner du blé que les graines mûres du blé », dit-on.

Peut-être que le grand exploit pour lui, est seulement d'inviter quelqu'un à une réunion. Pour le reste, c'est l'affaire du pasteur !

Là, c'est déjà une anomalie déplorable au sein d'une église. Les conséquences sont manifestes tant en son sein qu'en dehors. Celles de l'extérieur ne nous intéressent pas présentement. Nous attirons cependant l'attention sur celles qui freinent la croissance régulière d'une quelconque église. Il se remarque généralement que tant d'efforts fournis dans le domaine de l'évangélisation, mais les rendements au sein des églises sont médiocres. Quant à nous, le Seigneur nous avait fait grâce en tant que responsable du département de l'évangélisation de notre église[3], en dirigeant une grande campagne d'évangélisation dans un quartier populeux de Kinshasa, action dénommée : « Camp Luka pour Christ ». Après trois jours de réunions publiques, nous avons vu plusieurs âmes prendre des décisions. Il y a eu plus ou moins 500 personnes et nous avions initié un travail de suite auquel vous verrez les résultats. Après cette campagne, les premières rencontres furent prometteuses au niveau de la paroisse. Malheureusement, dans moins de deux mois, cinquante personnes seulement assistèrent à nos réunions, quelquefois, ce sont des bien-aimés qui allaient les « inciter »ou « les encourager à se présenter ». Cette situation ayant perdurée, mêmes ceux qui allaient régulièrement aider les âmes gagnées à Christ, se sont lassés ! Pouvez-vous imaginer la suite ? Malheureusement, cet exemple n'est pas un cas isolé, car des pareils cas sont souvent fréquents. Sans commentaires, nous remarquons un peu partout que des églises apparemment florissantes, connaissent d'une manière ou d'une autre une telle mortalité expérimentale dans la moisson des âmes pour Dieu.

En effet, une église locale peut avoir une croissance apparente en attirant des grandes foules, spécialement les dimanches, mais en réalité, elle cesse d'être une église pour devenir un « orphelinat », c'est-à-dire un lieu où l'on garde des bébés spirituels sans parents pour leur éducation. Le pasteur devient, comme l'a dit un homme de Dieu, « un directeur dépassé de l'établissement des orphelins ». Dès lors, il n'est pas étonnant qu'un pasteur soit débordé par l'encadrement des poupons, car toutes les activités de l'église gravitent autour de sa personne.

En voulant incorporer tout le monde en son sein, il ne s'occupe finalement de personnes. Les répercussions d'une telle mésaventure sont souvent néfastes spirituellement et de nature double :

- D'une part, le pasteur est débordé par les problèmes multisectoriels de fidèles. Il n'a plus le temps matériel pour servir convenablement et soigner sa propre intimité avec le Seigneur. Pendant ce temps, la sécheresse spirituelle et la routine

---

3   Eglise de Mangembo, 155, Avenue Mbanza-Mwembe ; Bandalungwa – Kinshasa 13 / Rép. Dém. du Congo.

lui préparent son certificat spirituel de décès. Alors, ceux qui viennent dans son bureau risquent de recevoir une même exhortation de sa part, malgré les différents cas cités.

- D'autres parts, c'est la naïveté propre aux bébés spirituels qui fait de ses patients des fanatiques. Quand bien même on ne répond pas à leurs problèmes, ils s'y rendent tout simplement pour être reçus et bercés sans être réellement secourus.

Un pasteur est efficace s'il sait faire ce qui est dans ses limites. Une église n'est pas seulement l'affaire du pasteur pour qu'il soit débordé avec ses fidèles. Dieu merci, pour avoir suscité Jéthro en nous instruisant tous dans ce domaine.
Lisez Deutéronome 1 : 9-17.

Qu'en tirons-nous comme leçon ? La délégation de certains pouvoirs par les responsables des églises locales s'avère très nécessaire pour qu'ils ne soient enlisés spirituellement.
Un bon berger ne peut pas s'occuper d'un nombre illimité des brebis, toutes de la même manière et en même temps. Il ne peut le faire qu'en se concentrant sur des groupes ou des individus qui, à leur tour, s'occuperont des autres. Ainsi, les masses ou les foules seront atteintes. Telle a été la stratégie de notre Seigneur Jésus-Christ comme nous aurons à le voir au deuxième chapitre : il s'est entouré d'un groupe restreint d'hommes dans lequel il s'est totalement investi. Et les résultats de cette stratégie sont éternels et nous en sommes bénéficiaires. Cela n'était qu'une parenthèse pour tenter de répondre aux préoccupations du pasteur débordé. Cependant, il surveille seulement ses membres qui restent toujours à l'état d'enfance, pour qu'ils ne soient volés ; car estime-t-il, s'il parvient à garder la foule dans la grâce de Dieu, il a réussi sa tâche. D'ailleurs, pour y arriver, l'ordre est donné à chacun de ses membres de surveiller les autres pour barrer la route aux « pêcheurs des aquariums » qui, ne veulent pas s'engager dans le discipulat pour la croissance normale tant souhaitée

de leurs églises, mais s'arrogent le droit de voler des âmes dans d'autres églises locales existantes pour grossir les leurs en nombre. La fin justifie les moyens, dit-on.

N'est-ce pas que Jésus, en faisant rapport à son père, a dit : « *J'ai gardé ceux que tu m'as donnés, et aucun d'eux ne s'est perdu* » (Jn. 17 :12) ! On oublie alors qu'il est demandé à l'Eglise, par les ministres de Dieu, d'équiper les saints afin de les amener à la maturité (Eph.4 :11-13). Hélas ! Cette méthode d'addition à laquelle ces pêcheurs d'aquariums recourent malignement avec facilité, ne répond pas toujours à leurs attentes. Même celle pratiquée par le « père des orphelins » : divertir, occuper les fidèles pour les garder. Par voie de conséquence, on s'accoutume assez facilement de nos jours à voir des chrétiens qui ne progressent pas. Ils se sont convertis et viennent régulièrement à l'église, mais ils sont spirituellement immatures, malgré le nombre d'années dans la vie chrétienne. Cela étant, le pasteur passe son temps à « chauffer des biberons » et à « changer les poupons des couches ». Fort dommage, c'est l'église qui, en définitive paie le prix de la pouponnière.

Comble de malheur, ils s'assemblent à l'église, « non pour devenir meilleurs, mais pour devenir pires », comme l'a dit l'apôtre Paul aux Corinthiens dans I Cor.11 :17.

Les activités de l'église locale, pour répondre à ses propres objectifs, la rendent très activiste. Elle entreprend des nombreuses actions évangéliques, mais il en résulte que plusieurs âmes sont gagnées (à qui) et très peu ou rien comme disciples dans l'église. Elle gaspille son temps à engendrer des avortons spirituels sans s'occuper d'eux pour en faire des hommes faits, à la stature parfaite du Christ. Ces avortons sont facilement bouleversés par les séductions du Diable et facilement entraînés sur la voie de la perdition, car ils sont des enfants flottants et emportés par le vent de toutes doctrines.

Dans ces conditions, comment l'Eglise peut-elle connaître une croissance normale ? Peut-on construire quelque chose de solide avec les enfants seulement ? Pourquoi un tel état de choses dans nos églises ? Il y a donc lieu de changer le fusil d'épaule, de « sonder nos voies et de les reformer

« afin de construire l'édifice de Dieu avec des « pierres vivantes ». Cette réforme profonde est déjà en marche…Dieu est entrain de susciter un apostolat nouveau comme celui de l'apôtre Paul à Ephèse pour surveiller le développement des églises existantes. C'est le temps de rétablissement de toutes choses dans son Eglise.

Notre conviction est que très prochainement, un grand changement se produira dans l'œuvre de Dieu et dans la structure même de l'Eglise qui, jadis était statique.

« O Seigneur, répare les brèches de ton église, car elle chancelle ! ».

CHAPITRE I : LA CROISSANCE D'UNE EGLISE LOCALE

1. Généralités sur l'Eglise

L'Eglise véritable, de part son origine grec « ecclésia », est l'ensemble de tous les enfants, nés de Dieu en Jésus-Christ, quelle que soit leur appartenance aux différentes dénominations : c'est l'Eglise universelle. Certains l'ont dénommée « la fiancée de Christ » ; d'autres « l'édifice vivant de Dieu », d'autres encore « l'église corps mystique de Christ ».
Par cette dernière appellation « corps mystique de Christ », Jésus est le chef dans les cieux ou « la tête de l'Eglise », les chrétiens sont les différents membres du corps comparativement aux différentes parties du corps humain (1 Cor.12 :12-27 ; 10 :17 ; Rom.12 :5 ; Eph.1 :23 ; 2 :20-22 ; 5 :23-30).

L'Eglise Universelle est représentée en divers lieux, par un groupe de croyants d'au moins deux ou trois pour former ce qu'on appelle « les églises locales »(1 Cor.1 :2 ; Mat.18 :20), avec diverses dénominations comme « l'église de Corinthe », « d'Ephèse », de « Philadelphie », de « Mangembo » au Congo-Démocratique et bien d'autres. Cependant, il est important que celles - ci soient le reflet de l 'Eglise dans son ensemble, dans leurs différentes visions et organisations. Par exemple, elles sont toutes appelées à conjuguer les efforts pour gagner d'autres brebis pour le Seigneur, qui ne sont pas encore dans sa bergerie. Ainsi, chacune croît en vue d'accroître le Royaume de Dieu.

2. La croissance d'une église locale

Comme tout organe vivant, l'Eglise Corps mystique du Christ, devrait, en principe être un corps qui vit, qui respire à pleins poumons et qui agit. De ce fait, elle doit répondre aux deux caractéristiques communes à tous les êtres vivants suivants que nous donne Philippe de la Cotardière dans son ouvrage qui s'intitule « L'univers, énigmes et découvertes »:
« croissance et conservation, c'est-à-dire, faculté d'auto-régulation face aux contraintes du milieu extérieur ; - reproduction, c'est-à-dire, pouvoir de l'organisme vivant de se propager, généralement sans modification ou sinon avec enrichissement ».

Par conséquent, l'Eglise devrait avoir une croissance normale dans le sens du perfectionnement des saints et de l'édification du corps du Christ «qualitative » et dans le sens de l'expansion « quantitative ». Toutes les églises qui croissent en dehors des normes précitées, souffrent d'ores et déjà de l'auto-régulation de leur vie. Il n'est pas alors étonnant de constater que tant d'églises traditionnelles stagnent pour ne pas dire qu'elles croissent.

Eu égard à ce qui précède, nous considérons qu'il y a deux sortes de croissance : une croissance « apparente » comme celle d'un cimetière et une croissance « normale et régulière » soit « active » comme celle d'une cellule normale vivante.

A. La croissance apparente

S'il est vrai que l'enfant qui ne grandit pas devient un monstre, a dit Gadina dans son livre intitulé « Les lois de la vie spirituelle », une église stagnante est aussi comparable à un cimetière. Hélas ! Telle est la situation de plusieurs églises locales de nos jours. C'est vraiment regrettable de constater qu'un retard de croissance ou la stagnation d'une église locale ne nous inquiète pas tous au même titre qu'un manque de développement chez un nouveau-né. Cela n'est pas normal ! Dieu ne nous a pas donné mandat de sauvegarder les foules dans nos églises locales, mais au contraire, de les former en véritable armée de l'Eternel. En effet, l'église de Dieu est non seulement une assemblée de personnes mais aussi son armée (Ez.37 : 1-10). D'où, chaque membre y est engagé pour son accroissement.

Souvent, des flux des personnes dans certaines églises locales sont enregistrés après des actions savamment organisées, afin de relancer leurs bases, notamment les campagnes populaires. Malheureusement, ces dernières se résument tout simplement à engendrer des avortons spirituels qui ne peuvent pas demeurer longtemps avec le Seigneur.

Cette méthode d'addition précitée, les campagnes populaires pour relancer la base d'une église, ne sont pas les seuls moyens auxquels recourent certains responsables pour « stabiliser » leurs bases. Parfois ils recourent facilement et intelligiblement au « marketing spirituel » faisant d'eux « pêcheurs des aquariums » ou « voleurs d'âmes » dans les autres églises locales par des moyens obscurs afin de faire gonfler les leurs en nombre. Nous estimons que vous vous imaginez où peut conduire de telles mésaventures !

La croissance d'une église qui découle des pareilles démarches est apparente d'autant plus que les âmes gagnées dans les différentes moissons ne demeurent toujours pas, faute d'invulnérabilité. D'où, les défections permanentes sont inévitables. Cela fait que plusieurs églises locales organisent régulièrement diverses activités, en utilisant des méthodes similaires pour remplir tant bien que mal leurs églises. Malheureusement, elles échouent souvent par manque d'un mécanisme approprié de sauvegarde de la moisson. A cet effet, le simple activisme gagne du terrain, car l'objectif poursuivi par ces derniers est de garder des foules dans la grâce de Dieu pour s'en féliciter.

B. La croissance active

L'extension normale d'une église passe par l'obéissance scrupuleuse à l'ordre Suprême du Christ qui recommande de « *faire de toutes les nations ses disciples* ». La véritable croissance de celle-ci commence par celle de ses membres à tel point que le corps suit l'évolution de ses organes.

N'est–ce pas la vieillesse part du fœtus (…) ? Certes, car Pierre Gadina dans son livre déjà cité, l'affirme en ces termes :
« *Tout ce qui vit a un point de départ. La cellule se scinde en deux pour produire une autre cellule. A l'échelon supérieur, un être nouveau se développe à partir de l'union de deux cellules initiales, jusqu'au moment de la naissance. Il en est ainsi pour l'être humain* », tout comme pour l'Eglise.

L'Eglise de nos jours, a besoin du ministère apostolique. Comme vous aurez à le constater dans les lignes qui suivent, et, pour rejoindre cet homme de Dieu: « elle a besoin de conducteurs capables de rétablir les plans de Dieu et d'équiper les croyants pour la construction de l'édifice. Ainsi, des architectes formeront d'autres architectes, ou , pour revenir au langage biblique, les ministères engendreront d'autres ministères ; les brebis mettront au monde des agneaux…Ne serait-il pas étonnant si les brebis fournissaient du lait pour leurs propres agneaux ? Pas du tout. C'est un processus naturel ». C'est aussi la clé de la multiplication, et par conséquent celle de la croissance de l'Eglise.
C'est donc du discipulat qu'a recommandé même Paul à Timothée en disant : « …et ce que tu as entendu de moi en présence de beaucoup de témoins, confie-le à des hommes fidèles, qui soient capables de l'enseigner aussi à d'autres » (2 Tim.2 : 2) dont les églises locales ou l'Eglise de nos jours a besoin. Ainsi, a dit Henrichsen dans son livre paru à Navpresse et intitulé « faire des disciples », pour soutenir ce que nous disons : « mettre en œuvre cette vision de multiplication de disciples est le moyen d'accomplir la mission confiée par le Christ ».
Les autres ministères ainsi que les approches différentes peuvent être

un complément, utile, mais ne remplaceront jamais cette marche ». Les conséquences logiques de cette démarche sont multiples et avantageuses : le perfectionnement des saints, l'édification du corps du Christ, l'expansion et l'extension normale de l'Eglise de nos jours ne se feront pas attendre. Ils se réaliseront sans encombre. C'est enfin la stratégie mise sur pied par notre Maître Jésus-Christ, son initiateur, laquelle fait des prouesses comme nous aurons à le découvrir dans le chapitre suivant.

CHAPITRE 2 : L'ORDRE SUPREME

« *Alors Jésus s'approcha d'eux (onze disciples) et leur parla ainsi : J'ai reçu les pleins pouvoirs dans le ciel et sur la terre ; allez donc dans le monde entier, faites des disciples parmi tous les peuples, baptisez-les au nom du Père, du Fils et du Saint-Esprit, et apprenez-leur à obéir à tout ce que je vous ai prescrit. Et voici : je suis moi-même avec vous chaque jour, jusqu'à la fin du monde* » (Mat.28 :18-20 B.S[4]).

Jésus venait de ressusciter d'entre les morts. Il se rendit en Galilée sur la colline, au lieu indiqué à ses disciples. Soudainement, il leur apparut, et ces derniers l'adorent mais avec beaucoup d'hésitation pour certains. Il s'approcha d'eux pour leur rassurer et confier aussi la mission de parachever également l'œuvre de son Père : c'est l'ordre suprême que nous vous faisons découvrir dans ce chapitre.

1. L'Ordre suprême

C'est la toute dernière recommandation du Christ à ses disciples avant son ascension. Appelé aussi la grande mission confiée à l'Eglise tout entière, exigence qui stipule : « *Allez donc dans le monde entier, faites des disciples parmi tous les peuples, baptisez-les au nom du Père, du Fils et du Saint-Esprit et apprenez leur à obéir à tout ce que je vous ai prescrit* » (Mat.28 :18-20 B.S). Voilà, le catéchisme de l'Eglise chrétienne ! C'est donc la règle d'or de l'Eglise universelle pour continuer l'œuvre du Christ.

---

4   B.S. : Bible du Semeur

2. Son importance

Depuis la chute de l'homme dans le jardin d'Eden, celui-ci a été privé de la gloire de Dieu (Rom.3 :23). Dans son amour profond envers cet homme déchu, Dieu a cherché à le réhabiliter dans sa gloire première. Il confia ainsi cette grande œuvre à son Fils unique, Jésus-Christ dont la mission consistait à faire la volonté de son Père (Jn.3 :16-17 ; Luc 19 :10 ; Jn. 4 :34 et Gal. 1 :4 B.S). Pour répondre à celle-là, Jésus commença d'abord par payer le prix pour pouvoir racheter l'homme vendu au péché, en mourant sur la croix comme son parfait substitut (Jn.16 :30 ; 17 :4). Et tout a été accompli à la croix de Golgotha (Jn.19 :30).

Bien avant cela, Jésus s'est engagé à produire d'autres « Jésus en miniature pour perpétuer après lui, son œuvre sur la terre ». C'est de cette stratégie préconisée par Christ qu'alors nous vous ferons découvrir ci- dessous.

3. La stratégie de Jésus

Jésus est le plus grand stratège qui n'ait jamais existé au monde. Comment s'est-il pris pour accomplir sa mission terrestre ? Pour laisser derrière lui des hommes capables de continuer sa grande mission, Jésus s'est choisi douze disciples. Et, à partir d'eux, il a commencé à investir pour son œuvre. D'abord il leur expliqua qu'ils étaient des instruments choisis par lesquels le monde croirait en lui, pour ensuite se donner à eux (Jn.20 :21).

Après les avoir rendus capables, Jésus donna ainsi l'ordre aux onze, pour qu'ils aient à continuer à la réalisation finale du plan de Dieu pour le monde. En faisant leur cette recommandation, Jésus envisageait une vision claire de son Eglise appelée à perpétuer, après son ascension, son œuvre sur la terre. Sa philosophie était vraiment simple et pratique, et les résultats ne se font pas attendre. Ses disciples étaient en mesure de se prendre eux-mêmes en charge, et à aider d'autres disciples à faire de même. Comme preuve, à l'ascension du Maître Jésus, ils restèrent dans la joie en train de louer et adorer Dieu dans la cour du temple (Luc 24 :50-53). Il n' y eut donc pas de panique : « Oh ! Dieu, envoyez-nous par l'amour du ciel un autre leader charismatique pour s'occuper de ses affaires! ».

Il n'y était pas question, au contraire ils ont atteint la maturité et étaient prêts à prendre la relève.

Qu'en est-il de vous lecteur ? Etes-vous suffisamment préparé pour assurer la relève de celui qui vous dirige à un quelconque niveau ? Réveillons-nous et bâtissons l'édifice vivant de Dieu par la formation des disciples, seul moyen efficace de garantir la continuité de l'œuvre de Dieu.

Nous avons en témoignage une histoire qui nous a été racontée par un homme de Dieu concernant un missionnaire ; un homme de Dieu plein de zèle. Il prêcha partout pendant plus au moins neuf ans dans une congrégation. Quand il fut forcé par les circonstances de retourner dans son pays, il ne laissa aucune équipe derrière lui pour continuer son œuvre. L'équipe d'évangélisation qu'il avait constitué, finit par disparaître après son départ. Avait-il eu du succès en définitive ? Certainement pas!

Voilà pourquoi, il est de l'intérêt de l'Eglise, de recourir à la stratégie préconisée par Christ pour perpétuer son œuvre.

Nous y reviendrons en détail un peu plus loin, tout en parlant du discipulat. Mais il n'empêche que nous nous penchions maintenant aux responsabilités des églises locales face à l'ordre suprême.

4. l'Eglise face à l'ordre suprême

L'Eglise véritable est l'ensemble de tous les enfants nés de Dieu en Jésus-Christ, avons-nous souligné. Elle est donc fondée par Christ et est appelée à poursuivre son ministère dans le monde entier selon ses propres principes. C'est dans ce but-là que Christ avait préconisé avant son ascension l'ordre suprême, le catéchisme de l'Eglise chrétienne comme nous l'avons indiqué.

En effet, la vision de toute église chrétienne doit être la conséquence logique de l'ordre suprême préconisé par Christ. Sans doute, comme la maison de Dieu, l'Eglise doit marcher en observant scrupuleusement cet ordre. Même le tabernacle, le temple, tous des types de l'Eglise du Christ, ont été construits selon le modèle de Dieu lui-même (Ex. 25 :40 ; Héb. 8 :5 ; IChr. 22 :11). Cela est indéniable. La parole de Dieu est très claire à ce sujet : « *Ce n'est pas pour un homme qu'il s'agit de construire un palais (une église), mais bien pour l'Eternel Dieu* » (IChr.29 :1 B.S).

Malheureusement, cet ordre est ignoré dans plusieurs cas. Lors d'un séminaire des responsables des églises locales, la question suivante a été posée à l'auditoire :

« Quelle est la vision de votre église ? » Que n'a t-on pas entendu dans la salle où chacun y est allé en sa manière comme si la vision de l'Eglise était relative et imprécise: « gagner les âmes, réconcilier l'homme avec Dieu et avec son prochain, faire descendre le ciel sur la terre, faire des témoins de Jéhovah et que sais-je encore !» C'est ainsi qu'il n'est pas étonnant de rencontrer des églises avec des visions bien définies de part leurs appellations telles que « Eglise gagneur d'âmes », « Eglise de la réconciliation », pour ne citer que celles-là. La vision d'une église n'est pas celle d'une personne, pasteur soit-il, d'un groupe de personnes ou d'une organisation donnée, mais bien celle de Jésus-Christ seul, le bâtisseur originel de l'Eglise. Elle est très simple, concise, précise, pratique, ne prêtant le flanc à aucun compromis, ou une quelconque confusion, telle qu'exprimée par l'évangéliste Matthieu au vingt-huitième chapitre, à partir du verset 19 jusqu'à 20.

Du reste, nous sommes convaincus que toute église locale, dépourvue d'une vision réelle, n'a pas la raison d'être car « sans vision ni objectifs réalistes, n'importe quelle église est déjà plongée dans le simple activisme ». La parole de Dieu ne déclare-elle pas dans les Proverbes 29 :18 que : « *Quand il n' y a pas de révélation (de vision donc), le peuple est sans frein* » ! Si une église veut accomplir l'œuvre du Christ, elle doit rejoindre l'église primitive en marchant sur ses traces. Mat.28 :19-20 ; Mc. 16 :15-20.

5. L'enseignement selon l'ordre Suprême

L'enseignement biblique est une extrême importance lorsqu'on examine minutieusement l'ordre divin. Vous remarquerez que c'est la voie obligée de faire des autres des disciples pour assurer la continuité de l'œuvre de Dieu. Donc, le ministère de l'enseignement est le moyen sûr par lequel les croyants sont faits disciples capables en mûrissant spirituellement, et à même de faire la même chose.

A. Son but

Sous l'Ordre suprême, l'enseignement a pour but essentiel de faire des disciples du Christ, de favoriser leur croissance. Il poursuit, en accord avec la pensée d'Ernest Pettry dans son livre intitulé « la prédication et l'enseignement de la parole », des objectifs de nature double :

1° Instruire les convertis afin de les aider à mûrir dans la foi chrétienne ;
2° Instruire les croyants déjà mûrs en leur communiquant les qualités nécessaires à un service fructueux.

De là, il est clair que l'enseignement est appelé à aider les nouveaux convertis, premièrement à devenir des chrétiens pleins de maturité, et, deuxièmement, à les former pour servir Dieu. Ainsi, nous confirmons le principe selon lequel « nous sommes sauvés pour servir ». Lire 1 jean 3 : 16. Toute formation chrétienne sérieuse et digne, doit poursuivre et atteindre les objectifs ci-dessus, si l'on veut vraiment répondre aux responsabilités d'amener les nouveaux convertis à la perfection des saints.

B. Son caractère spécifique

Bien souvent dans nos églises, les formations qu'on y organise, sont souvent d'une manière générale. Elles ne tiennent pas généralement compte des particularités interpersonnelles de chacun des membres. D'où, il y a seulement quelques sujets, peut-être les plus avertis qui en tirent vraiment profit. Or, selon l'ordre suprême, l'enseignement doit revêtir un caractère spécifique. Il consiste à donner une formation qui tient compte aussi et surtout des besoins spécifiques des gens : l'enseignant est donc appelé à répondre aux besoins spirituels, individuels et ceux des croyants en général. En procédant ainsi, il offrira toutes les possibilités à tout un chacun pour que chaque enfant de Dieu parvienne *« à l'état d'homme fait, à la mesure de la taille du Christ en sa plénitude »*, (Eph.4 :13, Crampon).

Dans l'exercice de notre ministère, Dieu nous a encore révélé ce qui suit : « Vous vous préoccupez beaucoup plus de former des « ouvriers qualifiés » peut-être que des disciples du Christ ! En conséquence, vous avez « des serviteurs » qui ne sont pas forcement les miens, car les miens sont disciples de Jésus-Christ ! » A quoi cela vous sert-il ? Voilà, le drame auquel vous vous exposez ! N'est-il pas écrit dans ma parole : *« Ceux qui me disent : Seigneur, Seigneur n'entreront pas tous dans le royaume des cieux, mais celui-là seul qui fait ma volonté. Plusieurs me diront en ce jour-là : Seigneur, Seigneur, n'avons-nous pas fait beaucoup des miracles par ton nom ? Alors je leur dirai ouvertement : je ne vous ai jamais connus, retirez-vous de moi, vous qui commettez l'iniquité ? »* (Mat.7 :21-23).
Cela justifie même la correction faite par Jésus-Christ à ses disciples de leur retour de la mission (Luc 10 : 17-20). Donc, pour Jésus-Christ, « l'être » vaut plus que « faire ». Cela veut dire qu'il faut d'abord être son disciple pour ensuite le servir. De ce fait, l'Eglise doit chercher à former des disciples qui serviront fidèlement leur Seigneur.

Pour revenir à son caractère spécifique, l'enseignement biblique se révèle comme une spécialité d'une église locale pour former des disciples. C'est un enseignement « en profondeur » à la différence de ce qui se fait dans la majorité de cas : les enseignants prêchent au lieu d'enseigner pour oser faire de leurs membres disciples de Jésus-Christ. Et après avoir terminé de le faire, ces derniers leur jettent des fleurs en leur disant : « En tout cas, que Dieu vous bénisse pasteur car c'était vraiment le rhema[5] de Dieu pour ma vie », et tout s'arrête là !

L'ordre suprême nous a recommandé d'enseigner les disciples à observer, à obéir ou à pratiquer ce que Christ a prescrit. Un tel enseignement a trois dimensions que nous vous ferons découvrir dans les lignes qui suivent.

C. Ses dimensions

Sous l'inspiration du pasteur Juan Carlos dans son livre intitulé « Disciple », nous considérons trois dimensions de l'enseignement : la révélation, l'information et la formation. Découvrons-les dans la suite.

1° La révélation
C'est une action de Dieu faisant connaître aux hommes ses mystères, ses volontés (Deu.29 :29 ; Dan.2 :19 -23). C'est un indispensable moyen de connaissance. Par exemple, s'il nous faut vous signifier la vie chrétienne dès la nouvelle naissance jusqu'au retour de notre Seigneur Jésus – Christ, vous ne pourriez tout de même pas dire que vous connaissez le christianisme. Certes, vous en connaîtrez quelque chose mais pas grand-chose tant que vous ne l'auriez pas expérimenté et qu'elle vous soit révélée par Dieu. D'où, il vous faudra une révélation particulière de Dieu pour prétendre connaître la vie chrétienne, car le christianisme n'est pas une idéologie mais une révélation !

---

5   Par définition, le rhema de Dieu est la portion de sa parole qui indique à un croyant ou à un groupe de croyants : quoi faire ? Quand le faire ? Où le faire ? Avec qui le faire ? Pendant combien de temps faut-il le faire ?

2° L'information

Dans l'illustration précédente, notre explication sur la vie chrétienne constituerait l'information. C'est l'atome de l'enseignement curieusement considéré comme la base même dans les assemblées chrétiennes de nos jours pour former leurs membres comme disciples du Christ.

En effet, prenons à titre exemplatif une assemblée de la place, laquelle organise 107 séances de prédications par an sans compter les exhortations de chaque vendredi (environ 48 exhortations par an) auxquelles s'ajoutent celles données dans le cadre du réveil matinal et les séminaires annuels à raison de quatre séminaires d'une semaine chaque année, et toujours d'information, pour ne citer que ceux-là.

Peut-on vraiment arriver à former des disciples avec un tel régime d'enseignement ? Pas du tout. Si nous ne faisons que parler sans cesse, les gens n'auront le temps que de suffisamment nous entendre parler mais pas celui de nous écouter ! Ainsi, les fidèles ont été suffisamment informés des enseignements bibliques, en même temps, ils ont cherché à les transmettre à d'autres tel que le discipulat l'exige. Et comme résultat, nous sommes en face des pharisiens et des scribes ou des hypocrites mais très peu sont comme disciples dans nos églises locales.

L'information en soi, n'est pas mauvaise mais elle est la donnée la plus élémentaire d'enseignement. Tout ce qu'elle fait, c'est d'éveiller éventuellement notre intérêt et notre désir d'expérimenter la leçon reçue. Elle peut aussi nous aider à connaître les voies divines. Malheureusement, nous avons fait de cela un but dans nos églises actuelles. Nous avons ainsi suivi divers sermons, des séminaires, des conférences bibliques et même des études théologiques, mais nos vies ne suivent pas toujours l'allure des informations saisies. C'est avec raison que Jésus équilibrait l'information à la formation pour préparer les éminents apôtres qui ont fait des prouesses qui demeurent jusqu'à nos jours (Jn.14 :1- 4 ; 18 – 20, etc.)

3° La formation (Luc 10 : 1-20)

Au lieu de se laisser prendre dans l'information, Jésus était beaucoup plus intéressé par la formation des vies de ses disciples. Son pragmatisme dans l'enseignement lui a permis d'éduquer ses disciples jusqu'au changement de leur comportement : une manière simple, claire et concrète que beaucoup de nos instituts bibliques ou facultés de théologie s'efforcent d'imiter mais sans succès le plus souvent. Pour répondre à ses objectifs c'est-à-dire, le changement de comportement chez ses disciples, son enseignement se résumait en répondant aux questions fondamentales suivantes : Quoi – Pourquoi et Comment.

Par cette façon de travailler, nous parviendrons aussi à former des gens en qualité de disciples de Jésus-Christ et les amener ainsi à atteindre son idéal.

D. Centre de formation et d'entraînement

Après avoir accompli son œuvre terrestre, notre Seigneur Jésus-Christ laissa derrière lui l'Eglise, laquelle est capable de contribuer à la réalisation finale du plan de Dieu pour le monde. L'Eglise, corps mystique du Christ, est la seule agence au monde qu'a laissé Christ sur la terre. Elle dispose tout en son sein, même ce qu'il faut à un enfant de Dieu pour l'amener à la perfection du Christ, divin idéal pour chacun de nous. En effet, elle regorge des dons et des ministères capables d'amener à la maturité, à la stabilité, à l'unité, à la croissance et à l'édification de ses membres comme le déclare l'apôtre Paul :

« C'est encore lui qui a donné aux uns d'être prophètes, à d'autres d'être évangélistes, à d'autres d'être pasteurs et docteurs, pour que les saints puissent s'acquitter parfaitement de la tâche du ministère, de l'édification du corps du Christ, jusqu'à ce que nous soyons tous parvenus à l'unité dans la foi et la pleine connaissance du fils de Dieu, à l'état d'homme fait, à la mesure de la taille du Christ en sa plénitude. De la sorte nous ne serons plus des enfants ballottés

par les flots et emportés au vent de tout enseignement au gré de la fourberie des hommes, au gré de leur astuce à exploiter l'erreur ; mais, en professant la vérité, nous grandirons de tout manière par la charité en celui qui est la tête, le Christ. » **(Eph.4 :11-15, Bible de Crampon).**

Particulièrement, l'Eglise, corps du Christ, possède des moyens tels que les apôtres, les évangélistes, les prophètes, les pasteurs et docteurs pour atteindre ses objectifs : les apôtres, architectes dans une église naissante (1Cor.3 :10), les évangélistes pour porter la bonne nouvelle du salut à ceux qui l'ignorent, les pasteurs qui prennent soin du troupeau, le conduisent, assouvissent sa soif et sa faim, le protègent dans les dangers (1 Pie. 5 :1-4) ; les docteurs qui enseignent la doctrine divine et réfutent les erreurs (1 Tim.5 :17 ; Tit.1 :9 ; 1Tim.3 :2), et les prophètes sont là pour parler aux hommes, les édifier, les exhorter et les consoler (1 Cor.14 :3-4).

Du reste, l'Eglise est le centre approprié susceptible pour l'encadrement et la formation des croyants comme disciples et serviteurs du Christ, car il s'y donne un enseignement spécifique tant individuel que collectif. Par analogie au ministère de Paul aux différentes catégories des personnes à Corinthe (1Cor.9 :19-22), l'Eglise forme les croyants selon leurs besoins spirituels individuels et collectifs : « *Se faire esclave de tous pour gagner le plus d'âmes possibles à Jésus-Christ, vivre comme les juifs, afin de les gagner ; vivre comme sous le régime de la loi de Moïse, afin de gagner ceux qui sont sous le régime de cette loi… ».* Vivre comme l'un des chrétiens mal affermis dans la foi afin de les gagner. Bref, l'Eglise est et demeure la véritable école de Dieu pour en faire de véritables disciples.
Hélas ! Nous observons de nos jours que de nombreux chrétiens quittent les églises locales pour se former dans les écoles ou instituts bibliques extra - ecclésiales. A quoi cela est dû ? Les lignes suivantes tentent de répondre à cette préoccupation.

E. Apports des formations extra – ecclésiales

De nos jours, si les croyants quittent leurs églises pour se former dans les écoles théologiques, puisque celles-ci ne jouent généralement plus bien leur rôle. En effet, si les responsables ou ministres de Dieu au sein d'églises, étaient en train de mettre les saints en état d'accomplir le ministère comme voulu par Christ, les fréquentations des écoles extra – ecclésiales seraient moindres par le simple fait que le corps du Christ a tout en son sein, même ce qu'il faut à un enfant de Dieu pour l'amener à la perfection du Christ, idéal divin pour chacun de nous.

Rien ne sert de nous mécomprendre là-dessus. Nous ne sommes pas contre les écoles bibliques ni les facultés de théologies destinées à assumer une formation spécialisée aux disciples appelés aux ministères.

Puisque l'Eglise a généralement perdu sa solidité comme l'a souligné le pasteur Nyamuke Asial' Ubul dans « la sainte vision pour les villages sans catéchistes » :

« Le christianisme a perdu la force, le zèle et l'enthousiasme qu'avaient les premiers chrétiens, parce que les chrétiens d'aujourd'hui ne sont plus bien enseignés. Ils se contentent du catéchisme et du baptême. C'est pourquoi leur vie chrétienne n'est qu'un échec. Ils ne font également aucun effort pour apprendre le style de vie que conseille le Nouveau Testament : une vie livrée totalement au Seigneur », le discipulat. Mais au contraire, qu'elle (l'Eglise affaiblie) recourt aux « **béquilles** » pour se redresser dans l'œuvre de Dieu. Nous devons d'ailleurs rendre gloire à Dieu de ce fait-là. Seulement, nous ne devons pas nous plaire éternellement dans cette situation de faiblesse accentuée par notre appui permanent sur les béquilles au risque même de solliciter auprès des charrons (écoles ou instituts théologiques extra – ecclésiales) des charrettes ou des chaises roulantes pour que nous (responsables d'églises locales) soyons beaucoup plus à l'aise sans faire beaucoup d'efforts pour l'édification de nos membres. S'il est vrai que « les béquilles » aident les faibles à se tenir debout, il est moins vrai que cela n'est sans risques. Le grand danger dans nos églises aujourd'hui est d'y trouver indéfiniment des membres collés tous aux

« béquilles », lesquelles sont souvent fabriquées par les différents courants d'écoles bibliques. Sait-on combien sont-ils aujourd'hui ? Cela ne fait que fragiliser davantage nos églises en vue de les diviser et provoquer un jour leur éclatement.

Sans vouloir faire beaucoup de commentaires là-dessus, nous souhaitons que l'Eglise cherche sa solidité. Cela est possible et réalisable que si nous faisons de nos membres disciples du Christ. Donc, l'église demeure le seul cadre d'où l'on peut vraiment former des croyants comme disciples et serviteurs fidèles dans sa moisson.

CHAPITRE 3 : LE DISCIPULAT

Le discipulat doit être la priorité des priorités dans les églises chrétiennes. Et cela par obéissance à l'ordre suprême de notre Seigneur Jésus-Christ, en vue de faire des hommes et des femmes ses disciples. C'est même le catéchisme de l'Eglise universelle.

I. Définition des concepts

Pour bien cerner ce chapitre, nous commencerons d'abord par définir les différents concepts relatifs au discipulat en vue d'une meilleure application.

A. Le discipulat

a. Sens du mot

Par discipulat, nous entendons brièvement « l'art de faire des disciples ». C'est un moyen par lequel on cherche à créer celui qui ressemble à soi-même ; étant soi-même une réplique de quelqu'un d'autre par-dessus tout du Christ, l'idéal parfait de Dieu pour ses enfants. Et comme tout art, le discipulat a des règles bien définies telles que nous le verrons dans la suite pour répondre à son propre objectif, c'est-à-dire répliquer des vies avec notre Maître Jésus-Christ en ses disciples.

Bien que trop exigeant, cet art produit avec le temps des fruits qui demeurent indéfiniment (des disciples), s'il y a un engagement sérieux.

b. L'importance du discipulat dans la vie chrétienne

Le discipulat revêt une importance capitale dans n'importe quel domaine de la vie. Il est très indispensable particulièrement si l'on veut :

1° Favoriser chez les fidèles d'une assemblée non seulement l'instruction mais aussi l'éducation chrétienne.

2° Perfectionner les saints et édifier réellement le corps du Christ.

3° Permettre à l'enfant de Dieu d'atteindre l'idéal divin : Christ 1 Jn.3 :2 ; 1 Cor.15 :49, etc.

4° Pérenniser convenablement l'œuvre du Christ accomplie sous le soleil.

A cet effet, nous avons en témoignage une histoire malencontreuse qui nous a été racontée par un homme de Dieu concernant un missionnaire ; un homme de Dieu plein de zèle. Il prêcha partout pendant environ neuf ans dans une certaine congrégation. Quand il fut forcé par les circonstances de retourner dans son pays, il ne laissa aucune équipe derrière lui pour continuer son œuvre. L'équipe d'évangélisation qu'il avait constituée, finit par disparaître après son départ. Avait-il eu du succès en définitive ? Certainement pas. Voilà pourquoi il est important de recourir au discipulat « Les hommes passent...Dieu enterre ses ouvriers pourtant qualifiés, mais il poursuit son œuvre avec d'autres » !

Le cas de Moïse qui laissa le bâton de pèlerinage à Josué et Caleb est un exemple parmi tant d'autres. Ce n'est qu'une parenthèse, nous y reviendrons avec fort détail dans le cadre d'une assemblée.

5° Obtenir des résultats exponentiels dans la conquête des âmes pour la croissance d'une église en qualité et en quantité : une croissance dans la vision du Christ notre Seigneur.
En effet, le discipulat est la seule stratégie qui permet de réaliser des résultats de nature 2^n dans une église, comme quoi :
- n : un entier naturel qui représente le nombre de générations.

- 2 : la base qui représente la relation ou le dyade entre le « Maître » et son « disciple »

Si n = 0, le résultat serait 1, soit $2^0 = 1$.
C'est-à-dire il n'y a aucun engagement dans le discipulat.
Donc, il n'y a pas eu de croissance.
Si n = 1, comme Paul et Timothée, le résultat sera 2, soit $2^1 = 2$.
Ainsi de suite.

c. Dans le contexte de l'Eglise

De ce que nous venons d'évoquer-là, l'importance de cet art « le discipulat », est indiscutable dans la vie. Particulièrement, et surtout dans une église. A en croire, il est le facteur de multiplication par excellence et de croissance régulière. Il consiste pour chaque disciple d'engendrer d'autres qui lui ressemblent, c'est-à-dire des copies conformes du Seigneur. Le discipulat se révèle aussi comme l'unique voie par laquelle nos églises connaîtront une croissance dans la vision du Seigneur Jésus-Christ, et, réuniront une meilleure qualité des chrétiens fidèles à Dieu, au lieu des foules qu'elles essayent de réunir par toutes sortes de stratégies, de marketing spirituel, etc.

Qu'en est-il de votre église locale cher lecteur (trisse) ? Une foule ou bien une véritable armée composée des disciples du Christ ? S'il est question d'une foule, permettez au présent chapitre de vous aider à amorcer le processus de formation des disciples pour que la multitude de votre église se métamorphose en une véritable église constituée des « Jésus en miniature », capables de contribuer à la réalisation du plan de Dieu dans le monde. En outre, le discipulat permet aux églises de faire asseoir pour l'éternité les âmes gagnées à Christ, les équiper en vue de l'œuvre du ministère que lui a confié le dispensateur des ministères, Christ.

B. Un disciple

Qu'est-ce qu'un disciple ?

a. Mise au point

La pensée selon laquelle est « disciple du Christ », quiconque l'accepterait comme Seigneur et Sauveur, n'est pas du tout convaincante. Même si telle était l'appellation utilisée au sens très large et maintes fois dans le Nouveau Testament, le Seigneur Jésus lui-même va au-delà du simple fait de venir a lui. Nous aurons d'ailleurs à le démontrer à la lumière de sa parole.

Les défenseurs de cette thèse ne devraient pas du tout avoir raison si nous considérons les reproches de notre Seigneur à ceux qui ont cru en lui : « *Pourquoi m'appelez-vous Seigneur ! Seigneur alors que vous n'accomplissez pas ce que je vous commande ?* » (Luc 6 : 46, B.S). Par ailleurs, comme le déclare la Bible, Christ ajouta : « *Si vous vous attachez à la parole que je vous ai annoncée, vous serez vraiment mes disciples* » (Jn.8 :30 – 31, Idem). Il est de même pour ceux qui pensent qu' « est disciple du Christ, toute personne qui le suit », car la parole nous révèle que Jésus était un homme des grandes foules. Malheureusement, parmi elles, nous rencontrons aussi des pharisiens, des scribes, des « mangeurs des pains » seulement, et bien d'autres qui n'avaient rien à faire avec notre Maître Christ Jésus que d'atteindre leurs différents inutiles objectifs (Mc. 10 : 46 ; Jn. 6 : 50-59 ; etc.).

Voilà, l'une des raisons même qui fait que le mot « chrétiens » dans le contexte actuel, prête à confusion. Bien de gens se proclament « chrétiens », même s'ils ne sont pas consacrés à Christ ! Par conséquent, être chrétien de nos jours, ne veut pour autant dire qu'on est disciple du Maître, Jésus-Christ même si l'on appartient à une église locale donnée.

William Mac Donald dans son texte original, présenté sous forme de cours par correspondance intitulé « Comment témoigner », confirme ce qui précède en affirmant ce qui suit : « *Il est possible d'être chrétien sans toutefois être un disciple du Seigneur. Suivre le Christ, c'est s'engager sur un chemin étroit que le chrétien peut accepter ou refuser de prendre. Le premier pas est un acte précis de consécration au Seigneur, suivi par une soumission quotidienne à sa volonté »*, (Rom. 12 :1-2).

En effet, parmi les diverses conditions d'appartenance à une église locale, aucune en rapport avec le disciple du Christ, n'est mise en exergue !

La Bible quant à elle, demeure ferme à ce sujet et signe : « *Tous ceux qui descendent d'Israël ne sont pas d'Israël »* (Rom.9 :6 ; Rom.2 :17-29). Cela démontre clairement qu'il y a dans nos des églises des individus qui n'appartiennent pas à Christ. Ils sont là peut-être pour trouver seulement des solutions à leurs problèmes, ce sont des « mangeurs des pains ». D'autres encore y sont pour répondre à des rendez-vous ; soit pour filer les mouvements de l'église alors en acolytes de Satan pour un travail de sape. Sont-ils des disciples de Jésus ? Pas du tout, ni moins des chrétiens.

b. Le disciple du Christ

Un disciple de Jésus-Christ, c'est celui qui a renoncé à tout dans le monde y compris soi-même pour s'engager à le suivre en bonne conscience et marcher sur ses traces. C'est une réalité indéniable. Il marche comme a marché son maître, Jésus - Christ (Rom.6:4 ; Eph. 4 : 23 ; Col.3 :10 ; 2 Tim.2 :1 – 26). Il sera en quelque sorte « un mini Jésus », « *une lettre écrite »* « *non de la lettre qui tue mais de l'Esprit qui vivifie »* (2 Cor.3 :6 B.S.). Alors Jésus dira : « *Les paroles que je vous ai dites sont Esprit et Vie »* (Jn.6 :63 Idem). D'où, « être disciple » n'est donc seulement pas le fait d'avoir reçu des cours ou une communication quelconque de quelqu'un, mais à l'inverse, c'est beaucoup plus qu'une communication de sa propre vie.

Autrement dit « être disciple », *c'est plus qu'apprendre le savoir du maître ; c'est donc apprendre également à être ce qu'il est : s'auto – discipliner pour plaire et servir correctement le maître avec un amour inaltérable et sans cesse croissant, poussant l'élève à le ressembler ; une compassion et un désir ardent pour rendre la pareille »* (2 Tim. 2 :1 – 26).

Ce sont là les caractéristiques même d'un disciple. Voilà donc, ce que l'ordre suprême nous recommande de faire !

c. Faire ou former un disciple

1°) Controverses

D'aucuns s'abusent eux-mêmes en prétendant faire de leurs « élèves » des disciples du Christ par la communication des simples théories. Faire un disciple, c'est bien loin de gagner quelqu'un à Christ ou de l'instruire simplement comme nous venons tout juste de le souligner.

Ce n'est pas seulement faire une communication intellectuelle et figée d'un savoir au disciple : l'histoire de la Bible, la pentateuque, l'homélitique, l'herméneutique, le grec, l'hébreu, même l'araméen… toutes des bonnes choses spirituelles en fait, qui ont leur place et leur importance ; au contraire, le discipulat se veut un type de communication « en profondeur » ayant eu lieu entre Jésus et les apôtres, Paul et Timothée, entre Timothée et les hommes fidèles, ainsi de suite.

2°) Faire ou former un disciple

Faire ou former un disciple, c'est un épineux problème, une embarrassante et coûteuse responsabilité de créer une réplique de soi, d'engendrer un « autre soi-même », de se reproduire réellement dans quelqu'un d'autre, de « se multiplier », étant lui-même une image conforme de Jésus-Christ. En d'autres termes, le « maître » doit apprendre à son « élève » tout simplement à être ce qu'il est lui-même en Christ s'il veut atteindre son objectif de faire ce dernier un véritable disciple du Christ. Ainsi, être et faire des disciples est autant une question de paroles que de vie. C'est le fondement même d'une croissance normale de l'Eglise. Son efficacité réside dans l'élément de multiplication. Cependant, la formation d'un disciple répond à une norme pratique incontournable dont nous ferons mention ci-dessous.

2. La discipline : une loi pour faire des disciples

Aucune formation n'est possible sans une discipline adéquate. Et, cette dernière est essentielle pour accomplir quoique ce soit dans la vie. Le discipulat n'échappe pas à cette règle, et, surtout si l'on se rend compte que le mot « disciple » implique même la discipline.

Selon Larousse, la discipline est un ensemble des normes qui régissent l'église, l'armée, les écoles, etc. Cela sous-entend la soumission ou la contrainte à un règlement donné, notamment à la parole de Dieu. Cette discipline volontaire, fruit non pas d'une obéissance légaliste, mais d'une bonne disposition de cœur, conduira à la soumission dans l'amour de Dieu pour lui plaire. Par conséquent, il ne peut avoir formation des disciples dans l'Eglise sans la soumission à Dieu. S'il est vrai que les athlètes peuvent même se débarrasser de tout et courir nus pour atteindre leur objectif (1 Cor.9 :24 – 27), il nous faut de la discipline avant de prétendre se former comme disciple d'un tel ou former quelqu'un d'autre comme notre semblable.

En somme, nous avons tous besoin de la discipline pour assumer une formation dans n'importe quel domaine.

En lisant les passages ci-dessous : Eph.5 :20-21; 6 :1-9 ; Rom.13 :1-2 et Mat. 8 :8-9 ; il ressort clairement que cette soumission se situe à deux niveaux : soumission du serviteur à son maître (serviteur du Christ) et soumission de ce dernier à Christ. Ce sont les deux clauses de la discipline (loi fondamentale pour faire des disciples), considérées ailleurs comme deux lois principales à part entière. Analysons-en un peu :

A. Soumission du serviteur à son maître comme à Christ

La Bible déclare : « *Soumettez-vous les uns aux autres dans la crainte du Christ* » (Eph.5 :21). Cela souligne que nous devons nous soumettre à nos conducteurs comme à Christ. C'est cela que l'apôtre Paul a recommandé non seulement aux Ephésiens, mais à tous ceux qui appartiennent à Dieu et qui croient en Jésus-Christ, dans sa lettre dite « Aux Ephésiens », chapitre 6 , partant du verset 1 au verset 9. Force est de reconnaître derrière les conducteurs l'autorité de Christ. Cela n'est même pas moins vraie dans la société en général : nous avons tous besoin de la soumission de ceux qui sont placés sous nos ordres (enfants, serviteurs, employés, subordonnés, élèves, etc.) pour pouvoir leur transmettre ce qu'ils sont en droit d'attendre ou d'exiger de nous. Christ lui-même, nous a donné un exemple à suivre comme le déclare sa parole :

« Ayez en vous les sentiments qui étaient en Jésus-Christ, lequel, existant en forme de Dieu, n'a point regardé comme une proie à arracher d'être égal avec Dieu, mais s'est dépouillé lui-même, en prenant une forme de serviteur, en devenant semblable aux hommes ; et ayant paru comme un simple homme » (Phi.2 :5 -7), *« Car le fils de l'homme est venu, non pour être servi,mais pour servir et donner sa vie comme la rançon de plusieurs »* (Mc.10 : 45).

D'où, ne pas le faire, trahit tout simplement notre insubordination, pire encore, notre insoumission à l'autorité du Seigneur Jésus-Christ lui-même, car *« celui qui vous écoute m'écoute, et celui qui vous rejette me rejette, et celui qui me rejette, rejette celui qui m'a envoyé »*, a-t-il dit (Luc 10 :16). A plus forte raison, il veille sur son âme comme déclarent les saintes écritures : *« Obéissez à vos conducteurs, et ayez pour eux de la déférence, car ils veillent sur vos âmes dont ils devront rendre compte...Ce qui ne serait d'aucun avantage »* (Héb. 13 : 17). Le véritable chrétien y obéit. Il est malheureux lorsqu'il n'est pas ainsi.

De nos jours, tout est mis à l'envers ; les « fidèles à l'église » ne se soumettent véritablement à personne. Bien au contraire, ils veulent que les conducteurs se soumettent à eux, surtout lorsqu'ils ont un mot à dire à l'église, un droit au chapitre ou un droit de veto de par leur position sociale, leur fortune, leur amitié avec les conducteurs, leurs contributions connues de tous et qui, subtilement lient les dirigeants. Bref, une certaine « démocratie » s'est installée à l'église, disons « la démocratie chrétienne » en lieu et place de la théocratie. Nous avons déjà entendu des chrétiens dire très fièrement : « Je ne peux suivre aucun homme ; j'obéis à Christ. Donc, je suis chrétien démocrate » ou encore « Je ne suis pas soumis aux hommes, mais au Seigneur seul », « Dieu m'a dit de faire ceci ou cela ». En fait, cela paraît pieux et raisonnable mais en réalité, c'est une grave erreur. Un tel propos démontre à juste titre que la personne veut simplement faire sa propre volonté et ne sait pas ce que veut dire suivre le Christ.

Que nous dit Matthieu 10 : 40 – 42 et 11 : 1 ? « *Celui qui vous reçoit me reçoit, celui qui me reçoit, reçoit celui qui m'a envoyé. Celui qui reçoit un prophète en qualité de prophète recevra une récompense de prophète, et celui qui reçoit un juste en qualité de juste recevra une récompense de juste… Lorsque Jésus eut achevé de donner ses instructions à ses douze disciples, il partit de là, pour enseigner et prêcher dans les villes du pays* ». C'est sans commentaires.

Savez-vous pourquoi les responsables des églises ont parfois du mal pour former des vies en leurs seins ?

D'une part, ils ne sont pas modèles en la matière. De l'autre, c'est tout simplement parce que s'ils se montrent sévères avec un de leurs fidèles, ce dernier fuira l'assemblée et ira certainement dans une autre assemblée ou abandonnera carrément la foi. C'est bizarre comme réaction ! Les fidèles de l'église sont devenus comme des bébés qu'il faut sans cesse bercer, cajoler et se garder de frotter, même pour leur propre bonheur !
En réalité, cette soumission aux conducteurs, semble actuelle-ment être révolue et peu populaire dans certains milieux chrétiens. Les fidèles réclament à cris la liberté, car la démocratie oblige, estiment-ils, alors que le véritable chrétien obéit et sa formation en dépend. D'ailleurs, ceux qui agissent de la sorte, enfreignent l'ordre de Dieu. Et, ils subiront sans doute les conséquences amères de leur rébellion car, celui qui sème l'insoumission, récoltera ses fruits, la loi de la semence oblige : « *Ne vous y trompez pas : on ne se moque pas de Dieu. Ce qu'un homme aura semé, il le moissonnera aussi* » (Gal.6 :7). L'apôtre Paul ajoute en recommandant au jeune pasteur

Tite : « *Ainsi dois-tu parler, exhorter et reprendre avec une pleine autorité. Que personne ne te méprise* » (Tit.2 : 15). Voilà comment les responsables doivent faire avec leurs enfants ! Ils doivent commencer d'abord par leur parler ; s'ils n'obéissent pas, ils doivent les exhorter. Si rien ne se passe toujours après, ils ont droit de les reprendre avec pleine autorité jusqu'à leur excommunication. Au cas contraire, ils auront des enfants gâtés sur les bras. Qu'à cela ne tienne, il faudra user de beaucoup de sagesses pour ne pas soustraire injustement un enfant de Dieu de la table du Seigneur Jésus-Christ. Et surtout si l'on se rend compte que toute discipline de Dieu à son égard, est pour « son rétablissement ».

Tout ce qui précède, décrit brièvement la notion de la discipline au sein d'une église comme enseignée dans les saintes écritures (Mat. 18 : 15 – 17 ; Ga.6 :1 ; etc.) Cependant, il est important de préciser que cette soumission à son conducteur comme à Christ a des limites : lorsque l'obéissance à celui-ci entre en conflit avec l'autorité suprême du Seigneur et sa volonté expresse dans sa parole, cette soumission doit prendre fin. Assurément, « *Il faut obéir au Seigneur plutôt qu'aux hommes* » comme l'ont signifié l'apôtre Pierre et ses collaborateurs devant le sanhédrin (Ac.5 :29). Mais, qu'en est –il de vous cher lecteur ? Par ailleurs, cette soumission aux conducteurs est conditionnée par celle d'eux-mêmes du tiers, par-dessus tout de Christ Jésus, notre Seigneur (Col.4 :1), comme nous aurons à le signifier dans la suite.

B. Soumission du conducteur du tiers

Pasteur Juan Carlos déjà cité, dans son ouvrage intitulé « Disciple », l'a souligné en ces termes : « Il n'y a pas de soumission sans soumission ». Est-ce là un embrouillement ? Mais non ! Cette redondance veut simplement dire que la personne qui donne des ordres à ses disciples, reçoit aussi de quelqu'un d'autre. En fait, elle peut être reprise par quelqu'un d'autre, qui à son tour a aussi un maître auquel il se soumet librement, ainsi de suite. Dans le cas contraire, personne ne peut s'attendre à être obéi au doigt et à l'œil. Son insubordination à une autorité quelconque aura pour résultat, l'insoumission des siens à son égard. Souvenez-vous du centurion romain dans Matthieu 8 : 7 à 9. Il avait compris qu'avoir de l'autorité signifiait « *être soi-même sous autorité* ». L'on ne peut soi-même créer l'autorité pour sa propre vie. Il faut qu'elle vienne de l'extérieur.

Dans Romains 13, verset 1, il est écrit : « *Que toute personne soit soumise aux autorités supérieures, car il n'y a point d'autorité qui ne vienne de Dieu, et les autorités supérieures qui existent ont été instituées de Dieu* ». Dieu tient donc à ce qui lui est cher, l'ordre dans l'Eglise, corps mystique de son cher Fils. En clair, ce n'est que lorsque l'on est en rang que l'autorité peut passer par soi-même aux autres, a souligné le pasteur Juan.
C'est la logique même de Dieu. Ne pas la suivre, notre propre logique nous mettra « hors du jeu », spirituellement parlant. Et aujourd'hui, si nous responsables spirituels manquons de l'autorité véritable, c'est tout simplement parce que nous avons rejeté l'autorité au-dessus de nous, en particulier celle du collège des anciens (s'il en existe au moins dans notre église ?) ou du gouvernement de l'Eglise. Par voie de conséquence, nous avons du mal à diriger les autres.

N'oublions surtout pas que la meilleure façon d'enseigner, est de prêcher par notre propre exemple en nous soumettant aux autres autorités ecclésiales établies dans l'église. C'est curieux alors de constater que certains parmi nous responsables, particulièrement des leaders autoproclamés des églises dites « indépendantes », prônent le système monolithique au mépris du système collégial comme quoi ce dernier est déjà caduc !
 N'est-ce pas là un moyen de nous soustraire de tout contrôle dans l'exercice de notre ministère et « régner en maître absolu » ou en « monarque » ? Même l'assemblée générale ecclésiastique ordinaire de chaque année nous dérange ! Quel bon exemple de soumission donnerons-nous à nos fidèles ? En tout cas, plusieurs questions méritent d'être posées mais n'oublions pas que « celui qui s'abuse d'être au sommet de tout dans l'Eglise du

Christ, est une personne dangereuse et potentielle sectarisme ». Bref, la formation des disciples exige de la discipline ; une loi divine, immuable et très indispensable sans quoi toute tentative de formation est vouée à l'échec.

3. Formation d'un disciple

Le discipulat n'est pas quelque chose de facultatif. Il s'impose en vertu de l'ordre suprême qui l'a ordonné, pour atteindre le monde entier et bâtir l'Eglise du Christ. Mat. 28 : 20 ; 2 Tim.2 : 2. Henrichsen dans son livre intitulé : « Former des disciples », souligne l'importance de la chose en affirmant que : « Faire des disciples, n'est pas le ministère particulier d'une quelconque église ou organisation. C'est le ministère de Dieu. C'est ce qu'il avait à cœur depuis le commencement des temps. De même qu'il a institué la propagation physique de la race humaine sur base de la multiplication, il a également établi la propagation spirituelle de la race humaine sur base de la multiplication », donc par le discipulat. Bien plus, ce dernier permet à un enfant de Dieu d'atteindre son idéal : être comme Christ (1 Jn.3 :2 ; 1 Cor. 15 : 49, etc.). Ainsi, il peut s'attendre à régner avec Christ car son règne ne se prépare qu'avec les disciples, et pas avec les avortons ou bâtards spirituels. En outre, « l'église des disciples » est capable de tout faire, et cela, dans n'importe quelle circonstance. Par exemple, elle peut facilement parer à certaines éventualités relatives à l'organisation administrative et civile d'une église. De ce point de vue, le docteur Zacharias T.F se joint à nous en soulignant qu' « une assemblée des disciples n'a besoin d'aucune autorisation pour exister ». A dire vrai, quel document garantirait les activités d'une église des disciples dans la clandestinité ? Aucun. Une église va au- delà du formel comme dans les pays où l'évangile n'a pas le libre parcours. Elle ne vit qu'au rythme et aux dépens de son Maître Jésus-Christ ; Alléluia !

Pour en arriver- là, il importe d'abord de définir le portrait-type du formateur, ensuite, déterminer comment celui-ci devrait s'y prendre.

44

A. Qui peut former un disciple du Christ ?

A la lumière de la Bible, le maître peut-être Dieu lui-même (Es.54 : 13) ; un ministre de Dieu (Es. 8 : 16 ; Mc.2 : 18) ou tout simplement un autre disciple pourvu qu'il soit lui aussi rodé. Certes, le « maître » doit nécessairement être un « disciple » d'un autre « maître »; ce qui lui permettra de partager sa vie avec ses « disciples ». Est-ce là une confusion ? Pas du tout. Nous voulons tout simplement souligner que n'importe qui, peut être « maître » d'un autre « disciple » pourvu qu'il soit lui-même le « disciple » d'un autre maître ; en Christ bien entendu car on ne peut donner la vie, que l'on a, dit-on. La recommandation de Paul à Timothée, « *Son fils bien-aimé et fidèle dans le Seigneur* » (1Cor.4 :17), illustre mieux cette évidence : « *Et ce que tu as entendu de moi en présence de beaucoup de témoins, confié-le à des hommes fidèles, qui soient capables de l'enseigner aussi à d'autres* » (2 Tim.2 :2).

Elle nous fait observer trois générations dont :

- Primo, de Paul à Timothée ;
- Secundo, de Timothée aux hommes fidèles ;
- Tertio, des hommes fidèles et capables aux autres ; ainsi de suite.

Ailleurs, notamment dans l'Ancien Testament, nous trouvons un autre exemple de ce genre dans 2 Rois 2 ; 1-15 et 2 Rois 8 : 4-5. Il y a lieu de constater qu'Elie a laissé derrière lui Elisée comme disciple, qui à son tour laissa Guehazi. C'est la loi fondamentale de la continuité, bien que ce dernier ait été un échec comme ce fut le cas de Judas Iscariote, pourtant formé par le Maître Suprême Christ.

B. Portrait-type du formateur

Tout disciple peut engendrer celui qui lui ressemble. Il est cependant nécessaire, afin d'éviter tout égarement ou toute déviation néfaste, de préciser les qualités requises du disciple formateur des vies.

Le formateur doit être :

a. *Etre lui-même un disciple*
Hormis Dieu qui subsiste par lui-même, et comme nous venons de le souligner, tout formateur doit avant tout, être un disciple à part entière. De lors il sera capable d'engendrer celui qui lui ressemble. Sinon, comment communiquera t-il une vie qu'il n'a pas lui-même ? Une vie de renoncement à soi-même (Luc 9 :23) ; de suivre notre Seigneur Jésus-Christ par sa parole (Mc.8 :37 ; Mat. 4 :18-22), et au travers d'un de ses images: un aîné dans la foi. Ce sont-là quelques conditions que doit réunir dans sa propre vie tout disciple du Christ ; laquelle vie sera retransmise au jeune disciple.
Détrompez-vous cher lecteur, si vous n'êtes jamais passé par la filière du discipulat, vous ne ferez point des disciples du Christ. Ne cessons pas de le répéter que l'on ne peut donner la vie que l'on a. Vous pouvez tout faire pour gagner confiance ou acheter les consciences de vos fidèles, vous obtiendrez peut-être des foules, des fanatiques ou tout simplement des suiveurs, des profiteurs et jamais des disciples du Christ. Si vous désirez faire de votre fidèle un disciple du Christ, il faut commencer d'abord par le devenir ; alors vous ferez de même pour quelqu'un d'autre : c'est une loi fondamentale dans le processus du discipulat. L'apôtre Paul ne nous le démontre t-il pas dans ce qui suit : « *Suivez donc mon exemple, comme moi, de mon côté, je suis celui de Christ* » (1 Cor.11 :1, B.S.).

b. Etre un modèle à suivre
La Bible déclare : « *comme des bergers, prenez soin du troupeau que dieu vous a confié. Veillez sur lui, non par devoir, mais de plein gré, comme Dieu le désire. Faites le, non pour un profit matériel, mais par dévouement. N'exercez*

pas un pouvoir autoritaire sur ceux qui ont été confié à vos soins, mais soyez les modèles du troupeau » (1 Pie.5 :2-3, La B.S).

En considérant le passage précédent, le formateur se doit de pouvoir être imité en toutes choses : La discipline personnelle, dans l'étude de la parole, dans la vie de prière, dans la vie de sanctification que nous sachons encore ! Bref, il doit être un modèle de ses futurs disciples en tout et pour tout. C'est une peine perdue de conseiller vos fidèles de ne plus mentir si vous-même, vous continuez calmement à mentir, même en leur présence ! Et surtout, n'osez pas de dire aux jeunes dans la foi : « Ne me regardez pas frères, regardez plutôt Jésus – Christ !» Mais, où est Jésus-Christ ? N'est-il pas en vous ? (Ap.3 :20 ; Ga.2 :20). Un tel message entre par l'oreille gauche et sort par l'oreille droite, et vice – versa. Seuls les yeux conservent les images perçues !

Quelqu'un avait raison de dire : « *Ce que vous êtes, parle si fort, que je ne peux pas entendre ce que vous dites* ». C'est même une évidence biblique. Elie, souverain sacrificateur fut un « *bon serviteur de Dieu, mais un méchant parent* »(1 Sam.2 :12-15 et 3 :1 -20) !

Plus tard, Samuel sa réplique, devint exactement comme lui « bon serviteur de Dieu », mais un mauvais parent (1 Sam.8 :1-5) ! C'est la loi de la continuité, dit-on « *Tel père, tel fils* ».

Qu'en est-il alors de votre cas cher lecteur ? Paul n'a- t- il pas bien dit : « *Soyez mes imitateurs, comme je le suis moi-même du Christ* » (1 Cor.11 :1) ! Chose difficile à prononcer pour nous leaders d'aujourd'hui sous réserve de ne pas vivre pas comme nous le devrions.

Nous nous bornons alors à déclarer superbement : « Ne regardez pas à nous frères, obéissez tout simplement à la Bible…Nul n'est parfait.» Qu'est-ce que cela signifie en réalité ? Nous n'avons pas réussi nous-mêmes à devenir des modèles, à l'image du Christ, et voudrions quand même que nos fidèles essaient, sans tellement croire qu'ils y parviendront. Mais pour rien au monde, nous n'avouerons notre propre échec à ceux sur qui nous « trônons » en simples légalistes.

Dans ces conditions-là, il n' y a pas lieu de s'étonner que nos chers fidèles soient en réalité désorientés.

Et alors ? Si le pasteur lui-même n'arrive pas à obéir à la Bible, qui le pourra ? N'est-il pas dit : « Tel père, tel fils » ? Un pasteur divorcé peut-il avoir au sein de son église des couples harmonieux et stables pendant longtemps ? De quel apport leur sera-t-il ? Sans doute, un tel pasteur aura du mal à faire des disciples. Et comme toujours, c'est l'Eglise qui en souffre d'une manière ou d'une autre.

Paul n'avait pas peur de se présenter en modèle pour les autres. C'est pourquoi il a pu dire aux philippiens : « *Ce que vous avez appris, reçu et entendu, et ce que vous avez vu en moi, pratiquez- le* » (Ph.4 :9).

Que voulez-vous dire pasteur Muland ? Ce n'est pas démocratique ! Certes, mais bibliquement, cela s'explique non pas en termes de domination de la foi de qui que soit ; mais plutôt en termes d'exhortation pour suivre l'exemple de ceux dont la foi est ferme. Même l'apôtre Pierre ne contredit pas une telle recommandation. Au contraire, il la confirme dans sa première épître au chapitre 5, versets 2 et 3 déjà lus :

« *Paissez le troupeau de Dieu qui est sous votre garde, non par contrainte, mais volontairement, selon Dieu ; non pour un gain sordide mais avec dévouement ; non comme dominant sur eux qui sont échus en partage, mais en étant les* « *modèles* » *du troupeau* ».

Voilà une matière de réflexion pour nous, les conducteurs des églises actuelles !

c. Etre fidèle à Dieu

Selon l'encyclopédie biblique, la fidélité est définie comme étant l'exactitude à remplir ses engagements, à tenir ses promesses. Particulièrement, la fidélité à Christ est l'exactitude à honorer ses engagements vis-à-vis de lui. Le formateur fidèle à Christ, doit faire preuve d'une constance dans son attachement à lui ; d'une fidélité dans la prière, dans l'étude et la mise en application de sa parole. En outre, il honore ses engagements vis-à-vis de l'œuvre de Dieu et des tiers.

Ce qui lui permettra de devenir un bon exemple, et un homme de confiance pour le disciple à même d'inciter ce dernier à emboîter le pas dans sa vie. Timothée l'a été à Paul « *Fils bien-aimé et fidèle dans le Seigneur* » (1 Cor.4 :17), ainsi ce dernier pouvait compter sur lui pour former d'autres comme disciples. De ce qui précède, la fidélité se révèle comme une condition sine qua non en cette matière, comme dans tant d'autres sans quoi, la crise de confiance à l'égard du formateur peut constituer un obstacle à la formation du caractère des disciples. Et, même si le formateur est en mesure de le faire, son infidélité lui rendra incapable. Au demeurant, quel rendement Dieu pourrait-il alors attendre de son serviteur zélé mais infidèle ? Pas grand-chose, c'est un méchant serviteur et inutile dans son œuvre.

d. Etre armé de compassion et de miséricorde

Etymologiquement, les deux vocables « compassion » et « miséricorde » signifient respectivement : « souffrir avec quelqu' un d'autre » et «sentiment de pitié enclin au pardon ». Un homme politique congolais avait illustré mieux cette évidence : « Il faut avoir honte d'être riche parmi les pauvres » (Sic) Le faiseur des disciples doit être disposé à compatir aux souffrances de son disciple en formation sous lui, selon ses capacités et ses moyens. Mais, cela implique nécessairement la miséricorde pour le rapprocher davantage dans l'harmonie et la collaboration. Cette attitude facilitera la tâche au faiseur à même de redresser son disciple s'il commettait une faute. Par exemple, en cas d'erreurs par son disciple, il serait mieux de commencer par réparer, ensuite de reprocher les dérèglements causés dans l'amour comme nous exhorte tous l'apôtre Paul :

« *Frères, si quelqu'un vient à être en faute, vous qui vous laissez conduire par l'Esprit, ramenez-le dans le droit chemin avec un esprit de douceur. Et toi qui interviens, fais attention de ne pas te laisser toi-même tenter.* » (Gal.6 :1, B. S.).

En tout cas, dans la recommandation précédente, il est clair que l'apôtre Paul invite le faiseur des disciples à faire preuve de miséricorde à l'égard de son disciple, et surtout qu'il réalise que les réalités de son disciple, sont le lot de tout disciple. En somme, le faiseur des disciples doit faire preuve de la compassion et de miséricorde pour faciliter la formation de son disciple comme était d'ailleurs le cas de notre Maître Suprême avec Pierre, Jean 18 :10 ; Lc 22 :50-51.

e. Etre disponible

Surtout, le faiseur des disciples doit être disposé à partager plus de temps avec la personne à former parce que pour faire un disciple, il faut vraiment des rencontres entre eux. Bien sûr, il faut vraiment disposer du temps. Et le temps qu'il faudra investir dans la formation, variera selon les personnes. Il est aussi fonction du niveau spirituel du nouveau converti. Plus il grandira spirituellement, moins il nécessitera de surveillance. En conséquence, le facteur temps à passer ensemble avec le disciple est déterminant pour constater le niveau atteint par ce dernier dans le discipulat. Cela étant, l'engagement à donner sa vie au jeune disciple s'avère très nécessaire. Par « donner sa vie », nous voulons dire prendre une part active à sa vie, aux problèmes de ce dernier et se consacrer entièrement à lui. Nous y reviendrons en parlant de la méthodologie proprement dite pour faire des disciples. Mais rien n'empêche que nous vous donnions un exemple dans les Saintes Ecritures concernant l'apôtre Paul. Il l'a été pour les chrétiens de Thessalonique :

« Pendant que étions parmi vous, nous avons été pleins de tendresse. Comme une mère qui prend soin des enfants qu'elle nourrit, ainsi dans notre vive affection pour vous, nous aurions voulu, non seulement vous annoncer l'Evangile de Dieu, mais encore donner notre propre vie pour vous, tant vous nous étiez devenus chers » (1 Thes.2 :7 – 8, Bible du Semeur).

f. Par – dessus tout, être un homme spirituel

Lisons 1 Cor.2 :6 – 15.

Cette qualité est d'une importance très capitale pour faire des disciples du Christ. Sans surtout perdre de vue que la formation d'un disciple est une communication de vie, laquelle vie du Christ, est dans le formateur lui-même par l'Esprit –Saint. Il faut beaucoup des tacts pour y arriver. En effet, la formation des disciples n'est pas notre affaire, mais plutôt celle de Dieu par nous. Sans doute, ce n'est ni par la force, ni par la puissance, mais par son Esprit Saint que quelque chose de valable, d'agréable à Dieu, peut être mené à bonne fin. D'où, le formateur ne peut prétendre faire de quelqu'un comme disciple du Christ, par ses seules forces car « *C'est l'Esprit qui vivifie ; la chair ne sert de rien* » (Jn.6 :63), a-t-il ajouté Jésus. Si le formateur est un homme naturel ou réduit à ses seules forces, il ne pourra engendrer un disciple du Christ. C'est vraiment impossible. En effet, « *Ce qui naît d'une naissance naturelle, c'est la vie humaine naturelle. Ce qui naît de l'Esprit est d'animé par l'Esprit* », a déclaré Jésus à Nicodème (Jn.3 :6 Bible du Semeur). D'ailleurs, il est avant tout incapable de conduire quelqu'un d'autre à Christ, comment y arrivera t-il ?

Quant au formateur, spirituellement adulte, il a la vraie sagesse que donne l'Esprit de Dieu. Par l'Esprit Saint, « *Il scrute tout, même les pensées les plus intimes de Dieu* » (1 Cor. 2 :10, Bible du Semeur).

Cela lui permettra d'agir sagement dans le discipulat. Par exemple, il ne peut surtout pas se permettre de commettre des erreurs parce qu'elles sont coûteuses dans la vie de la personne à former. Pour ce faire, il doit continuellement chercher Christ et sa parole, à avoir de la crainte de Dieu, à s'éloigner du mal et à savoir comment exercer un bon jugement en conduisant la personne à l'idéal du Christ. Un formateur spirituel a la facilité d'attirer et de former quelqu'un d'autre comme disciple par sa consécration à Dieu, son discernement des choses, sa modération dans le processus de la formation, pour ne citer que ceux-là.

Pour nous résumer sur le portrait-type, le formateur doit avoir accompli l'expérience du disciple. Animé d'un amour parental, il doit être prêt à apporter les soins et la protection indispensable au bébé spirituel sans chercher à régner sur lui. Son rôle est celui d'un guide, qui stimulera et encouragera le nouveau disciple afin de lui permettre d'atteindre l'idéal du Christ. D'où, il est appelé, non pas à dicter à son disciple ce qu'il doit faire, mais à le diriger sagement au rythme du Saint-Esprit.

C. Comment faire des disciples ?

En nous inspirant de Pierre Gadina déjà cité in « *les lois de la vie spirituelle* », la meilleure technique pour faire des disciples, est d'observer les phénomènes de la vie organique en relation avec la vie spirituelle correspondante : « *Parce que la vie organique et la vie de l'Esprit procèdent, toutes deux du même auteur : Dieu* » (Ac.17 :28), les mêmes principes régissent dans l'une et dans l'autre que nous vous proposons dans le schémas ci-dessous :

a. Phases de croissance[6]   I Cor. 3 : 1 – 3

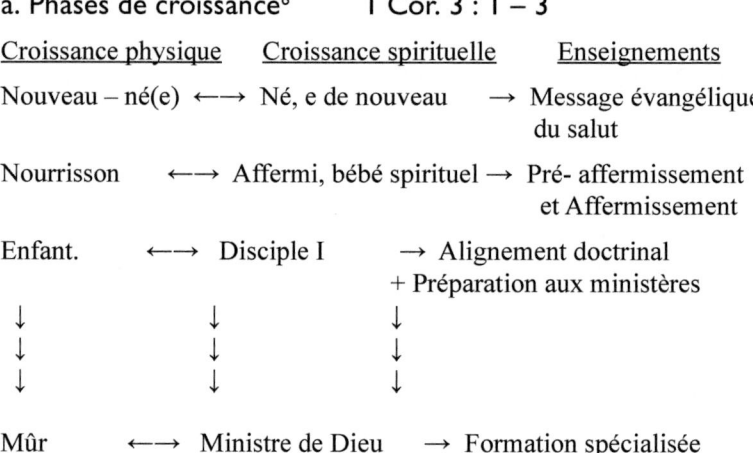

Croissance physique	Croissance spirituelle	Enseignements
Nouveau – né(e) ←→	Né, e de nouveau	→ Message évangélique du salut
Nourrisson ←→	Affermi, bébé spirituel	→ Pré- affermissement et Affermissement
Enfant. ←→	Disciple I	→ Alignement doctrinal + Préparation aux ministères
↓	↓	↓
↓	↓	↓
↓	↓	↓
Mûr ←→	Ministre de Dieu	→ Formation spécialisée

De ce qui ressort de ce portrait, nous observons, à partir de la croissance physique une croissance spirituelle à la quelle nous faisons suivre un régime spirituel approprié.

Notamment la naissance qui correspond à la nouvelle naissance (Jn.3 :3 -8), fruit du message évangélique qui donne lieu au salut. Ensuite, le nourrisson en rapport avec le bébé spirituel que l'on affermit par le pré - affermissement et l'affermissement proprement dit (Col. 2 :6 – 7 ; Héb. 5 : 12). L'enfant en relation avec le disciple I (Héb.5 :13 ; 2 Pie 1 : 3 – 10) que

---

6   Portrait du disciple, Source CEBIMAS (Centre Biblique la Main d'Association), Rue de la croix, 36 Boite 101 / Belgique.

l'on aligne sur le plan doctrinal et que l'on prépare aux différents ministères de l'Eglise. Ainsi de suite jusqu'à la maturité qui correspond au ministère que l'on oriente dans une formation spécialisée.

b. Ce que le formateur doit faire - Méthodologie

La meilleure technique pour s'y prendre, est la concentration du formateur sur la personne à former à la manière de notre Seigneur Jésus-Christ, avec ses douze disciples formés trois ans durant, devenus apôtres ; 1 Thes.2 : 5- 8 ; Ga.4 :19.

Pratiquement, le formateur doit s'engager à :

1°) Donner un enseignement systématique à l'aide d'un programme bien défini par lui- même, et en fonction du besoin spirituel et du niveau de son disciple (voir les phases de croissance ci-haut).

Pour répondre aux besoins spirituels de son disciple, un tel enseignement spécifique consistera à :

-   Lui dire « Quoi », « Pourquoi » et « Comment ».
-   L'aider à « commencer »
-   L'aider à « continuer », c'est-à-dire, faire avec lui un partenariat.

Ce sont là même l'A.B.C dans le processus du discipulat.

2°) Répondre aux questions ou aux difficultés rencontrées par son disciple dans la vie ou dans l'exercice de son ministère.

3°) Communier en toute fraternité avec son disciple. Par un full-contact, le disciple apprend de son maître en partageant avec lui sa vie.

Il se forme donc dans la vie active à ses côtés comme les apôtres l'ont été auprès de Jésus (Mat.10 :1 – 42). Le principe consiste à permettre au Saint Esprit d'enseigner le disciple au travers de la vie de son maître; sa confiance en Dieu et en la personne de Jésus-Christ; enfin au travers des événements de tous les jours. Ainsi, les caractères s'entremêlent, et il en sortira un impact profond et merveilleux.

4°) Coopérer avec son disciple dans l'exercice de son ministère. Cela permettra au disciple qui l'accompagne, d'observer lui-même comment son maître est utilisé, et constater ce qu'il vaut dans l'Eglise du Seigneur. Comme Jésus-Christ, en faisant de ses disciples co- ouvriers (1 Cor.3 :9), ces derniers apprenaient ainsi par l'observation et par la mise en pratique. Lire IJean 3 :16 ; Jean 1 : 13 – 17 ; etc.

5°) Déléguer un certain pouvoir à son disciple. Cette délégation de pouvoirs implique le contrôle de son disciple pour évaluer ses progrès. Le disciple a donc atteint un point où le maître peut l'envoyer d'où lui-même devrait aller moyennant un rapport de sa mission pour être bien suivi. Les Saintes Ecritures sous les plumes des évangélistes Matthieu et Luc, nous donnent des exemples de Jésus-Christ, notre Maître Suprême, avec respectivement ses douze et ses soixante-dix autres disciples.

Lisons Mat.9 :35-38 et 10 :1- 40 ; Luc10 :1 – 8, 16, 17 – 20.
Nous observons que Jésus après avoir formé deuxièmement les soixante-dix disciples, il délégua son pouvoir à eux pour continuer sa mission en leur communiquant exactement comment ils allaient s'y prendre. A leur retour, il leur exigea le rapport qu'ils lui firent joyeusement pour son appréciation. Jésus apprécia, puis commença par réparer (vv. 18 – 19), enfin leur fit une mise en garde (v.20). C'était vraiment merveilleux ! En procédant de la sorte, les résultats considérables ne se feront pas attendre. Ce n'est pas un plan chimérique ou une simple théorie que nous vous communiquons, mais les fruits de notre propre expérience il y a environ huit ans.

Nous y reviendrons avec forts détails en parlant du travail de suite. Qu'à cela ne tienne, permettez- nous de dire un mot concernant notre expérience. La personne que nous avions gagné à Christ, donc notre disciple est actuellement l'une des mamans encadreuses. Devenue veuve à la mort de son mari, un bon frère engagé aussi dans l'équipe des papas au sein de la communauté

Charismatique de Mangembo à Kinshasa. Il a fallu la gagner, pour ensuite la faire asseoir dans une église en veillant toujours à sa maturité.

En somme, le formateur, avec l'aide du Saint - Esprit, mettra tout en œuvre, même ce qu'il n'est pas évoqué ici pour répliquer la nature du Christ qui est en lui chez son disciple. C'est dans ce même cadre que l'apôtre Paul dira aux chrétiens de Galatie : « *Mes enfants, pour qui j'éprouve de nouveau les douleurs de l'enfantement, jusqu'à ce que Christ soit formé en vous, je voudrais être maintenant auprès de vous, et changer de langage, car je suis dans l'inquiétude à votre sujet* » (Gal.4 : 19-20).

Cette formation des disciples, comme l'a dit Zacharias, « est un processus qui dure toute la vie, processus du quel une personne ne sort jamais diplômée, car il y a toujours des dimensions croissantes de la ressemblance à Christ dans lesquelles le disciple doit grandir. Cependant, il y a un niveau où les fondements sont assimilés et incorporés dans la vie, et le disciple peut-être considéré par le maître comme étant mûr pour faire des disciples ». Le disciple ne peut en aucun cas s'attendre à un diplôme ; le mandat de faire d'autres disciples comme lui-même par son maître, lui reconnaît déjà la qualité du « diplômé » en la matière.

Remarques très importantes

1°) Dans la formation des disciples, le sexe joue aussi un rôle assez important. Aucun sexe n'est exclu dans la formation des disciples. Cela veut dire que vous soyez aîné dans la foi, homme ou femme, le discipulat est votre lot car l'ordre suprême de Dieu nous concerne tous. Cependant, il serait mieux que le formateur encadre un jeune disciple de son sexe pour éviter certains problèmes inhérents à la nature humaine. Nous ne sommes pas des « êtres spirituels » mais plutôt des « hommes spirituels ».

Ainsi, nous partageons l'avis d'un homme de Dieu selon lequel : « Nous recommandons que les gens ne forment normalement que des personnes de leur sexe. Si un homme conduit une femme au Seigneur, il doit dans la prière, chercher à recevoir du seigneur une femme mûre ou une fille dans l'assemblée qui peut l'aider à former le jeune disciple. Ceci aidera à éviter une quelconque complication émotionnelle qui pourrait se développer. Ce n'est pas une loi unique, mais une recommandation faite dans l'amour et par sagesse ». D'ailleurs, nous sommes bien disposé à donner notre propre témoignage.

2°) Le disciple en formation doit aussi savoir que leur relation avec l'aîné dans la foi est du genre amour et encouragement. D'où, il ne faut pas qu'il mise beaucoup trop sur le formateur car ce dernier n'est qu'un conducteur. Après tout, il le forme comme disciple du Christ. De ce fait, il doit apprendre à s'attendre beaucoup plus à Dieu qu'à son formateur, qui en retour, l'aidera dans cet apprentissage.

3°) Certes, les formateurs, des répliques du Christ, ne sont pas exemptés de toute faiblesse inhérente à la nature humaine. Cela nous conduit à clarifier bien les choses. En cas de conflit de considération entre Christ le modèle et sa réplique, le disciple obéira au Seigneur de tous pour éviter de copier servilement même les faiblesses. Malgré cela, le formateur demeure le prototype rapproché du Christ pour le jeune disciple. A ce point, la pensée selon laquelle : « le faiseur de disciple n'est pas un intermédiaire entre le Seigneur et celui qu'il forme » nous semble confuse. Il est vrai que le formateur doit amener le disciple à comprendre qu'il doit chercher Dieu, le connaître et recevoir de lui ce qu'il doit faire et le faire. Mais tout cela passera presque toujours par un homme, l'aîné dans la foi. C'est la méthodologie de Dieu dans la Nouvelle Alliance. Aux sources du discipulat, nous rencontrons Jésus, le 1er disciple de son Père (Mat.10 :40 ; Luc 10 :16 ; Jn. 13 :20 ; Jn.4 :34 ; 5 :19 ; 20 :21–23), puis les douze apôtres, ensuite les soixante-dix disciples… Ailleurs Paul, puis Timothée, ensuite quelques hommes fidèles, plus loin encore d'autres hommes capables de transmettre à d'autres fidèles… N'est-ce pas là des intermédiaires entre les personnes en formation et Jésus-Christ ? Sinon, comment considérons-nous les différentes adresses de l'apôtre Paul aux disciples, quoique n'ayant pas lui-même la perfection :

« Ce n'est pas pour vous faire honte que j'écris ces choses ; mais je vous avertis comme mes enfants bien-aimés. Car, quand vous auriez dix mille maîtres en Christ, vous n'avez cependant pas plusieurs pères, puisque c'est moi qui vous ai engendré en Jésus-Christ par l'évangile. Je vous en conjure donc, soyez mes imitateurs » (1 Cor.4 :14-16). *« Soyez mes imitateurs, comme je le suis moi-même du Christ »* (1 Cor.11 :1) ; « Ce que vous avez appris, reçu et entendu de moi, et ce que vous avez vu en moi, pratiquez-le. Et le Dieu de paix sera avec vous » (Phi.4 :9). Quelle clarté d'expression ?

CHAPITRE 4 : L'EGLISE DANS SON DISCIPULAT

Dans l'Eglise d'aujourd'hui, nous avons impérieusement besoin du courant d'esprit apostolique : le discipulat. C'est par lui que nous parviendrons tous à la mesure de la stature parfaite du Christ. Tel est l'idéal parfait de notre Père céleste pour les siens. Cela ne peut se réaliser conformément à la volonté de Dieu, si l'Eglise prend vraiment conscience de ses responsabilités. Comment l'Eglise peut-elle alors s'engager dans ce courant ?
Les lignes suivantes tenteront à répondre à cette préoccupation.

I. Formation des disciples par l'église

A. Erreurs à éviter

De nos jours, la plupart d'églises sont démissionnaires de cette tâche ; néanmoins, elles font tout pour « entretenir » tout simplement ses membres alors qu'elles devraient s'occuper d'eux convenablement. L'église ne forme pas des disciples en informant les nouveaux -convertis sur les programmes hebdomadaires : réunion des prières, affermissements bibliques. Etc.

Il ne s'agit non plus d'enseigner sur un sujet intéressant à débattre mais de communiquer la vie du Christ aux nouveaux dans la foi. Vous serez d'accord avec nous que tous les enseignements bibliques à caractère informationnel du genre : séminaires bibliques, conférences bibliques, ...n'ont pas fait de ceux qui les ont suivi davantage des disciples ! Et comme conséquence, nous avons généralement en face de nous des chrétiens connaisseurs mais non soumis et désobéissants, des pharisiens pour la plupart.

C'est curieux car plusieurs parmi les conducteurs d'églises sont toujours à l'affût d'idées nouvelles et originales qui leur permettraient d'entretenir à coup sûr leurs membres. Ainsi, ils s'estiment heureux du fait de pouvoir garder temporairement de cette manière-là quelques fidèles par la grâce de Dieu. Malheureusement, ils arrivèrent toujours à en perdre la majeure partie cahin-caha. N'acceptant pas facilement l'échec, ces conducteurs -là recourent à des techniques connues de tous, les campagnes populaires ou le marketing spirituel pour « *relancer leur base* ». Non, ce n'est pas là la tâche confiée aux pasteurs ou bergers. La meilleure façon d'entretenir les membres, c'est de faire d'eux des disciples du Christ.

B. Approche méthodique

Pour que le discipulat fonctionne normalement au sein d'une église, il faut qu'il y ait pour autant une structure adaptée, un mécanisme précis ou un cadre approprié chargé d'emmener les chrétiens plus loin sur le chemin de la maturité. Le processus doit partir de la tête aux pieds. Cela est très important pour la croissance de chaque enfant de Dieu sous conduite ou l'encadrement d'un aîné dans la foi en vue de l'édification de l'église.

En effet, les conducteurs doivent commencer par rechercher la maturité spirituelle pour eux-mêmes, avant d'être en mesure de favoriser la même croissance chez les brebis. Bien entendu, pour y arriver, il faut que règne une discipline personnelle et militaire dans cette structure adaptée «Maître – Elève ».

Rappelons – nous du centurion romain dans Matthieu 8 : 7 – 9. Dans le cas contraire, les conducteurs ne pourront jamais faire de leurs membres, des disciples. Chose bizarre pour certains, la ligne même de démarcation entre « membre »et « disciple » n'est pas perceptible. Pour preuve, le disciple est confondu avec un membre engagé dans une église, ayant sa carte d'affiliation ! C'est une matière de réflexion.

En somme, la formation des disciples, avions-nous déjà souligné, ne va pas du bas vers le haut ; elle doit nécessairement venir du haut vers le bas.

En effet, pour pouvoir faire d'autres disciples, il faut l'être soi-même au départ. Une fois que du côté des bergers - responsables cela fonctionne à merveille, le tour viendra alors pour chaque ancien, de choisir quelques membres pour en faire ses disciples, ainsi de suite. Il faut veiller à ce que le choix des prochains disciples ne s'opère d'après leur tête, leur éducation ou leur richesse. Bref, le choix ne doit pas se faire selon les apparences des individus. Il doit au contraire être le fruit de prières : Dieu guidera les conducteurs dans le choix des disciples.

En tout cas, c'est une tâche difficile pour toute personne eu égard à la nature humaine mais facile avec Dieu. En vérité et sur le plan humain, Paul n'aurait jamais choisi Timothée : un disciple trop jeune avec beaucoup de problèmes en plus de timidité, maladie, et bien d'autres (2 Tim.1 :8 et 1 Tim.5 :23). Timothée a été plutôt choisi par Dieu pour être à ses cotés. Ainsi, le choix des disciples est une décision spirituelle grave à telle enseigne que Jésus-Christ pria toute la nuit avant de choisir ses douze apôtres (Luc 6 :12-16).

Concrètement, comment mettre les principes que nous venons d'évoquer en pratique ?

De prime abord, oublions un instant ce vocable « membre » parce que cela rappellerait un peu trop un club d'amis sans soumission, ni moins une discipline ; en lieu et place , familiarisons-nous avec l'appellation « disciple ». Dans cette nouvelle optique , les pasteurs cesseront d'être des révérends, des éminences, des pontifes… pour demeurer des frères aînés et des sœurs aînées, chargées d'assurer la relève. Ces derniers, aînés dans la foi donneront leur vie pour les novices ; ils les serviront et feront des sorties ensemble avec eux, par exemple aux camps bibliques etc.

Ensuite, ces aînés ou maîtres permettront à leurs disciples d'en faire autant : cela veut dire choisir quelques fidèles et commencer à en faire des disciples eux-mêmes, bien entendu sous l'œil vigilant de leur part, ainsi de suite. Nous croyons fermement qu'avec la grâce de Dieu, on peut en un temps record transformer toute l'église en famille véritable composée des milliers des disciples. Cela dépend de la dimension d'une église. Une chose cependant vraie, la tâche est si facile pour une jeune église que dans une des multitudes et surtout plongée dans le formalisme.

Pour mieux activer les choses, la création d'un certain nombre de cellules de réveil s'avère très nécessaire, car comme l'a dit Pierre Gadina déjà cité, « Pour grandir, la plante doit être placée dans les conditions normales de croissance ». Il en est de même avec les disciples dans les cellules de l'église.

2. Les cellules vitales d'une église

La volonté de Dieu aujourd'hui pour l'expansion d'une église, se révèle principalement à travers les cellules de réveil ou de maisons.

A. Définition : Qu'est-ce alors une cellule de réveil ?

C'est une réunion de plusieurs personnes en vue d'atteindre certains objectifs spirituels. Cette terminologie est étrangère à la Bible ; en revanche cette dernière reconnaît les « églises de maison ». Quant à nous, nous préférons remplacer « cellules » par « petites communautés » pour souligner la notion de partage qui y est si importante.

B. Composition

Une cellule ou la petite communauté sera composée au maximum de 30 à 40 personnes ; si elle dépasse ce nombre, elle tend à devenir une église. Notre souci dans cette perspective, est que l'église reste unie, et que chaque personne soit consciente de sa place dans le corps. Cependant, il est à noter que tous les membres d'une communauté ne doivent pas forcément appartenir à notre dénomination ou église locale ; certains viendront d'ailleurs. L'essentiel est qu'ils habitent le même quartier et désirent grandir dans la vie de disciples autant que nous.

C. Organisation

La petite communauté est sous l'égide d'un(e) aîné(e) dans la foi. Ce responsable n'a aucun titre honorifique; en effet, ne sommes-nous pas des serviteurs inutiles du Christ ? Si question de l'autorité y a, elle vient de la spiritualité d'une personne non d'un titre. Si dans la cellule, le coordonnateur fait preuve de maturité spirituelle, les disciples se soumettront à lui comme à Christ sans qu'il n'ait besoin d'aucun titre ou effort personnel. Pour ses réunions, la communauté peut se rencontrer n'importe où, n'importe quand dans la maison d'un fidèle. Au besoin, il suffit tout simplement de faire circuler un mot de passe par un sms, un Email ou un coup de fil pour indiquer le lieu, la date et l'heure de la réunion. Autrement dit, son organisation est souple en fonction de ses propres exigences. Nous sommes persuadés que ce sont de telles communautés chrétiennes qui évoluent en clandestinité dans les pays où les chrétiens sont persécutés. Avec des disciples, elles constituent des unités d'armée de Dieu capables de conquérir la moisson.

D. Rôles à jouer

Comme rôle à jouer, la communauté a deux soucis majeurs : le groupe et la tâche.

a. Le groupe

Dans ce groupe, il ne faut pas privilégier les objectifs de la communauté qu'on veut atteindre au détriment des personnes utilisées pour y parvenir. Les membres ne sont pas des projets de la communauté, mais au contraire des personnes à part entière qui méritent attention et considération. Il ne faut surtout pas oublier qu'elles sont différents avec des problèmes spirituels, matériels et moraux différents. Chacune d'elles est aimée sans aucune distinction et considération quelconque. En effet, chaque fidèle de la communauté est important, même ceux qu'on estime être les moindres (1 Cor.12 :12-25). Aucun leader spirituel n'a besoin de l'ignorer, et surtout de considérer l'homme au sein du groupe avec ses joies et ses peines. Par là, il y a lieu aussi de déceler facilement les faux frères et les rétrogrades compte tenu de la dimension du groupe afin de les prendre rapidement en charge .Voilà encore l'un des avantages !

La petite communauté s'occupera de leurs besoins sociaux, spirituels et même matériels pour soulager leurs fardeaux de sorte qu'ils soient prêts à contribuer à l'avancement de l'œuvre du Seigneur Jésus-Christ.

Comment se fera t-il ? Selon les principes bibliques qui avaient inspiré l'église primitive : Ac.4 :32-37 ; Tit.3 :8 ; 2 Cor.8 : 8 – 15 ; Gal. 6 :9 – 10 ; 1 Jn.3 :16 – 18 ; etc. Cependant, il faut veiller à ce que la communauté ne se transforme pas en un club d'amis qui sortent ensemble comme c'est le cas de certaines églises locales aujourd'hui. Ainsi, pour dire que cette cellule a aussi une tâche.

b. La tâche

La tâche des communautés est bien exprimée dans l'ordre suprême qui stipule : *« Allez, faites de toutes les nations des disciples du Christ. »* (Mat.28 : 19 – 20).

En effet, nul n'est censé ignorer que la majeure partie de l'évangélisation est faite au niveau personnel. De ce fait, il en ressort que l'évangélisation est la responsabilité de chaque disciple. Malheureusement, nous constatons ceci avec larmes aux yeux comme le stigmatise Docteur Zacharias T.F in

« faire des disciples » : « Il est choquant de constater que de nos jours, l'évangélisation est devenue l'affaire de quelques professionnels. Ceci est incorrect. Les membres (disciples aussi) doivent actualiser cet ordre afin de faire des disciples, la raison de leur existence !» Cependant, la tâche ne sera jamais accomplie si à l'intérieur de la communauté les membres ne s'accordent sur l'ordre suprême. Avec amour, ils organisent des réunions de prières, des agapes, des rencontres formelles et informelles... Tout cela aide à accroître la communion fraternelle et annoncent d'ores et déjà les activités de la communauté pour qu'elle contribue à la formation des disciples. De cette façon, le groupe et la tâche qui lui a été confiée sont étroitement liés pour l'épanouissement spirituel de ses membres et l'expansion de l'œuvre de Dieu.

E. Activités principales

Comment fonctionne la communauté ?
C'est une grave erreur de copier aveuglement les traditions d'une église - mère aux dimensions énormes : le système de prédications et des séminaires. La vie dans les cellules ou petites communauté est différente par rapport à celle de l'église-mère. Un accent est mis sur quatre éléments constitutifs dont : - L'intercession, - L'étude biblique, - La programmation, - La vie communautaire.

a. L'intercession

C'est le grand moment de recueillement à Dieu (Gen.18 :23 – 32 ; Rom. 10 :1 ; Ex.32 :11 – 13 ; Rom.8 :26). On passe beaucoup du temps devant Dieu pour réfléchir, louer, adorer, bref pour prier ensemble. L'on apprend vraiment à prier, c'est-à-dire dialoguer avec Dieu : lui parler et l'écouter à travers ses divers moyens de communication. On apprend aussi à intercéder pour les autres, leurs difficultés ; une occasion favorable pour tout un chacun de développer la compassion de ceux souffrent. Les témoignages personnels fruit de l'exaucement, ne font qu'édifier la foi de tous, en se rendant compte surtout de ne pas être le seul à avoir des problèmes dans la vie et que Dieu a toujours le dernier mot pour chaque cas.

b. L'étude biblique

C'est le moment du partage de la parole de Dieu. Dans ce cadre, la méthodologie change: ce n'est plus le système traditionnel de prédications dans une église – mère. La parole de Dieu se partage comme dans un atelier avec l'apport de chaque participant après la lecture. Les conclusions du partage sont facilement mises en application parce que chacun y ait contribué. On n'aborde pas des nouveaux sujets chaque semaine. Un sujet peut durer généralement 2 à 4 semaines. Pourquoi cela ?

Primo, des scientifiques nous révèlent qu'une personne ne se rappelle que de 20 % de ce qu'elle a entendu, et même cela est perdu au bout de 10 jours s'il n'y a aucun renforcement entre temps. Donc lorsque nous sortons de la réunion, nous ne nous souvenons plus que de 20 % de la leçon. Et, nous oublierons même ce qui reste si nous ne le mettons pas en pratique ou si nous n'entendons pas dans l'entre – temps une autre leçon sur le sujet.

Dans le même ordre d'idées, il est démontré, selon certains spécialistes que nous nous souvenons de:

- 20 % de ce que nous entendons ;
- 40 % de ce que nous voyons ;
- 60 % de ce que nous entendons et voyons en même temps (audio-visuel) ;
- 80 % de ce que nous disons.

De tels chiffres appellent notre réflexion. Cela s'exprime même dans notre vie courante. Par exemple, que retenons-nous du temps que nous avons passé à l'école ? N'est – ce pas comment lire et écrire, faire des opérations…tout ce que nous pratiquons dans notre vie quotidienne ? Sans doute.

Secundo, parce que nous ne pouvons pas passer au thème suivant que nous ne mettons en pratique le premier. Nous restons convaincus qu'il serait mieux de se dire : « Je veux écouter juste ce message, et puis je ne reviendrai plus à l'église avant de l'avoir bien assimilé et mis en pratique dans ma vie ». Sériez-vous peut-être d'un avis contraire ; considérons tout simplement l'exemple de l'amour du prochain tant prêché dans les milieux chrétiens. Nous constatons amèrement beaucoup plus des choses contraires à celles qui sont prêchées au sujet de l'amour ; caractéristique majeure et non la moindre des enfants de Dieu (1 Jn.4 :20-21 et 1 Cor.13 :1-7). Notre génération est devenue ainsi une génération des auditeurs alors que la parole de Dieu nous recommande non seulement de l'écouter mais aussi de la traduire en actes sans quoi nous nous tromperions nous-mêmes (Jac.1 :22, Bible du Semeur).

Comprenez notre insistance là-dessus, car c'est bien la volonté de notre Seigneur Jésus-Christ dans l'évangile selon Matthieu, chapitre 28,20 : « *Enseigner – leur à observer* », c'est-à-dire à suivre ou à accomplir ses prescriptions. Malheureusement, nous avons adopté la formule d' : « Enseigner-leur à savoir tout ce que Christ nous a prescrit ! ». En effet, la Bible ne nous a pas été donnée dans le but premier d'accroître notre connaissance mais pour changer nos vies. Ainsi, a dit Dr. Howard Hendricks :

« L'interprétation sans application n'est qu'un processus avorté ». Voilà ce que nous faisons bien souvent. En conséquence, les gens ne sont pas transformés ! D'où, il est important que l'élément étude biblique au niveau de la petite communauté puisse insister sur la mise en pratique de la parole de Dieu

c. La programmation

C'est l'établissement des programmes des activités concernant la communauté. Elle n'est pas l'exclusivité d'une personne. On établit un programme d'action en tenant compte des dispositions de la communauté pour atteindre ses objectifs. En effet, ils ont tous reçu l'Esprit de Dieu qui les conduit communément tout comme individuellement en Christ. Cela consolidera l'unité de la communauté par la participation de tout un chacun et le renforcement de l'esprit d'équipe en son sein.

d. La vie communautaire

L'accent est centré sur tout ce qui fait la joie de la vie en commun tels que :

- Faire la découverte de « l'autre », expérimenter plus profondément la réalité de la communion des saints ; réconfort de découvrir qu'on est pas seul avec ses problèmes, ses incapacités, ses difficultés, ses faiblesses, etc.
- S'entraider, porter les fardeaux les uns des autres ;
- Recevoir l'exaucement, en rendre grâce en commun ;
- Etre ensemble ouvriers avec Dieu, accomplir des œuvres spirituelles avec l'Esprit Saint en nous et par nous.

En effet, nous nous préoccupons de choses nous concernant car les membres de la communauté ne sont pas seulement « des âmes » ou « des êtres spirituels » mais des personnalités entières. Le dynamisme de la communauté de réveil rend son église-mère rayonnante et radieuse de santé par l'engagement total de chacun à l'obéissance de l'ordre suprême, en même temps elle encourage ses fidèles à s'engager dans une église locale pour des raisons qui seront évoquées dans les lignes qui suivent.

3. L'engagement personnel des disciples dans une église locale

Bien que le discipulat apporte un nouveau courant apostolique dans l'église, cela n'empêche forcément pas la liberté chère aux croyants qui veulent se présenter comme des « chrétiens indépendants ». Parlons-en un peu.

A. L'indépendance chrétienne

Quelle indépendance les « chrétiens indépendants » veulent-ils proclamer ?
Si c'est par rapport à l'église, ils sont à plaindre, car Christ n'a jamais été divisé (1 Cor. 1 :13 ; Héb. 10 :25 ; Ps. 133 :1-3) ! En fait, la notion d'indépendance est totalement étrangère à l'église du Nouveau Testament. S'il est vrai que l'église moderne d'une façon générale a perdu sa raison d'être, on peut cependant se hasarder de ne s'engager nulle part ; tout en ayant avec tous des rapports fraternels fructueux ! Une telle attitude présente bien des risques tant personnels que pour l'église. Non seulement celui qui néglige l'église et sert seul, déshonore le seigneur, il s'abuse également lui-même. Lisons 1 Cor. 3 :16-19.

B. L'importance de s'engager dans une église locale.

Nous ne pouvons jamais atteindre l'idéal du Christ pour nous, si nous sommes coupés de l'église, sans aucun engagement avec elle, ni soutien de cette dernière. A la lumière de la parole de Dieu, en particulier dans le livre des Actes des apôtres et les épîtres, la règle d'or révélée pour tout chrétien, est son engagement personnel dans une églises locale. En partageant la déclaration de l'Evêque Baughen que l'église : « est une trame de soutien, une pépinière féconde pour la mission et le ministère, un endroit de soutien mutuel et un lieu de croissance », aucune personne ne peut grandir normalement en tant que disciple du Christ en dehors de cette famille de Dieu qu'est l'église. En effet, c'est là que se produit la croissance la plus importante. Nous devons donc conjuguer nos efforts à l'égard du corps du Christ pour contribuer à son expansion, qui est aussi nôtre.
Par conséquent, tout disciple doit s'engager de trois manières dans l'église :

C. Comme un enfant de Dieu

a. Eglise, famille de Dieu

La famille est l'ensemble des habitants de la maison ou des personnes issues d'un même toit Elle est composée des parents et des enfants qu'ils ont engendrés. En son sein, les parents s'occupent de leurs fruits pour les amener à la maturité. De même, dans la famille de Dieu (1 Tim. 3:15) ; est considéré comme enfant de Dieu, celui qui passe par la nouvelle naissance de Jésus-Christ (Jn.1 :1 :12-13, 1Jn. 2 :28, Act. 2 :47).

Dieu lui - même est le père de la famille, qu'est l'église.

b. Apport de la famille de Dieu à son enfant.

Autant qu'un bébé naissant a des besoins vitaux pour atteindre la maturité et ne peut se passer de l'église qui l'a engendré s'il veut grandir en Christ. Gadina déjà cité, a donc raison de dire : « la nouvelle naissance est à la fois une arrivée et un départ. Une arrivée en ce sens qu'elle nous introduit dans le royaume de Dieu. Un départ, parce que, dès ce moment, la vie nouvelle commence. Par conséquent, il faut un encadrement d'une église en cette entreprise. Qu'apporte alors l'église à son enfant ? C'est elle qui satisfait des besoins élémentaires : elle lui donne à manger et à boire »(1 Cor. 3 :2 ; 1 Pie. 2 :1-3 et Héb. 5 : 12-14), « elle le protège par Jésus contre les mercenaires et assure son bien-être » (Mat. 16 :18-19 ; Jn. 109-16) ; elle le soulage quand il a des difficultés.

Tout cela est extrêmement important, mais l'apport de l'église ne s'arrête pas là. Selon Hernest Havermann et les rédacteurs de LIFE, il est stipulé qu' : « Au cours de ces dernières années, les savants ont découvert que si l'enfant a besoin de sa mère, ce n'est pas seulement pour qu'il puisse devenir un être humain normal, avoir la même optique du monde que son prochain et se conduire de façon intelligente ; il doit accumuler aux cours des premières années de sa vie une somme d'impression que seule sa mère peut lui procurer ». L'église est le seul endroit où le chrétien peut jouir de la communion fraternelle, bénéficier de la fraction du pain... Tout ce qui contribue à son perfectionnement et à son édification, Eph. 4 :13-15.

c. Quelques conseils

Avons-nous le droit de refuser de nous engager dans une église locale pour nous en remettre uniquement à notre propre jugement, de faire « cavalier seul » ? Il n'en est pas question. L'indépendance soustrait de tout contrôle, l'enfant de Dieu à toute discipline, surtout à la discipline qui prépare à la vie adulte ou aux ministères. Elle prive aussi « l'indépendant » de l'aide et de la communion fraternelle.

En outre, l'indépendance expose à des déviations doctrinales (Eph. 4 :14), l'une des causes principales de défection dans églises locales. Par contre, l'engagement est vital pour l'enfant de Dieu, parce qu'il lui permet de jouir de ses privilèges, c'est-à-dire s'acquitter de ses responsabilités, celui d'adorer son père (Mat.21 :15-16)

CHAPITRE 5 : L'EGLISE FLORISSANTE OU CROISSANTE

Une église florissante n'est pas le fruit de l'imagination ou d'une œuvre humaine. Au contraire, elle est l'œuvre de Dieu en Jésus-Christ, par le Saint-Esprit.

1. Un lieu de croissance

Dans une telle église, la croissance normale passe par celle des disciples. Chaque membre à n'importe quel niveau grandit, s'édifie et se perfectionne à travers le discipulat. Ce n'est pas un orphelinat. Chaque personne a au moins un père spirituel qui s'occupe d'elle pour l'amener à la maturité. Avec des structures flexibles, souples, elle donne ou présente les meilleures possibilités pour que chaque membre s'améliore dans le sens de sa croissance.

Tout compte fait, c'est une église sur les traces de l'église primitive. Elle remplit le rôle du corps du Christ dans le monde, comme une famille aimante : il y règne une vie communautaire à telle enseigne que l'expansion de celle-ci est rendue facile. Quelle que soit sa petitesse (Matt. 18-20), avec le discipulat, elle connaîtra une expansion remarquable !

C'est une véritable pépinière où tout progresse harmonieusement : Les pasteurs continuent de grandir vers l'apostolat, tandis que les brebis marchent derrière eux, à la même allure, dans le discipulat.

2. Vision

La vision d'une telle église doit rejoindre celle de notre Seigneur, de son royaume et de son règne à venir par la formation des disciples. La parole de Dieu n'enseigne-t-elle pas que « *les saints de Dieu règneront avec lui* » (2 Tim. 2 :12 ; Apo. 5 :10 ; 20 :4) ? S'il est vrai que l'Eglise doit se préparer pour dominer les nations au millenium, le règne ne peut s'accomplir qu'avec les disciples, jamais avec « les nouveaux convertis » ou « avortons ». Il est évident que ces derniers ne pourront résister aux ruses du diable pour faire long feu avec Christ. En fait, le règne du Christ nous concerne, si du moins nous atteignons la mesure de la stature parfaite du Christ (Eph. 4 :11-19 ; 1 Jn 3 :2). Seuls les chrétiens mûrs capables de s'autogérer et de gérer les autres, sont capables, même maintenant, de diriger les affaires du Royaume.

Du reste, la première étape de cette vision consistera à s'impliquer dans le plan de Dieu pour l'homme déchu par le péché. Cela part de la grande mission du Christ sur la terre jusqu'à sa dernière recommandation faite à l'Eglise. C'est l'ordre suprême de Dieu (Mat. 28 :18-20). Nos églises doivent donc retourner à la base du Christianisme et aligner notre vision sur celle de Dieu, en allant faire de toutes les nations des disciples.

3. Sa méthodologie

Elle doit être calquée sur celle de Jésus-Christ. Comment alors a-t-il fait pour y arriver ? Jésus l'explique lui-même dans l'évangile selon Jean : *« ce n'est pas vous qui m'avez chois ; mais moi, je vous ai choisi, et je vous ai établis, afin que vous alliez, et que vous portiez du fruit, et que votre fruit demeure, afin que ce que vous demanderez au Père en mon nom, il vous le donne »* (Jn. 15 :16). Une philosophie simple et pratique vite adoptée par les apôtres sans peine, malgré le niveau inférieur d'instruction de certains d'eux, pour perpétuer l'œuvre : le discipulat. Avec un tel principe progressif, le Docteur Coleman souligne que : « Peu importe à quel point le groupe est petit au départ, du moment qu'il communique sa vision à des hommes et à des femmes, qui à leur tout transmettront la parole à d'autres qui se multiplieront à leur tout (sic), il connaîtra une croissance adéquate. »(Phi. 4 :9 ; 2 Tim. 2 :2.)

4. L'église, édifice de Dieu

1 Cor. 3 :9 ; 1 Pie 2 :4-8 ; Eph. 2 :19-21

Cette nature de l'église fait d'elle-même un grand mystère. Elle est l'édifice de Dieu, formé de pierres vivantes, bien arrangées ensemble, et bâtie sur le fondement des apôtres et des prophètes dont Jésus-Christ lui-même est la pierre angulaire. C'est le symbole de l'organisation de cette l'église ; chaque bloc a sa place, formant ainsi un tout cohérent. Pas n'importe quel édifice avec des pierres sans formes ni lien, comme dans la plupart de cas, de nos églises « modernes », comparables à des entreprises, d'où l'on se dépense beaucoup pour accumuler de plus en plus des cailloux (cailloutis) sans qu'on érige un édifice. Au contraire, dans cet édifice de Dieu, ce sont des pierres de Dieu mises en place, après avoir été taillées dans sa carrière, de manière à pouvoir porter plus du poids et donner de la force. Ses membres sont bien ordonnés et cohérents ; chacun d'eux partage le rôle de serviteur du Seigneur… pour continuer sa mission sur la terre (1 Cor. 12 :7-12, 14-15). Bien qu'édifice de Dieu, ses structures sont flexibles. Sa règle d'or, c'est le recours à tout ce qui peut faciliter l'œuvre de Dieu d'avancer, pour autant que l'on reste dans les limites fixées par l'enseignement des apôtres.

5. Une pépinière féconde pour la mission et le ministère

Cette église est un vrai centre d'encadrement et de formation pour les disciples. Ceux qui ont des germes de dons ou des ministères, trouvent ici le premier terrain d'entraînement, où ils apprennent à prendre soin les uns des autres dans l'optique de ce que dit Paul aux Ephésiens :
« *Est-il donné les uns comme apôtres, les autres comme évangélistes, les autres comme pasteurs et docteurs, pour le perfectionnement des saints en vue de l'œuvre du ministère et de l'édification du corps de Christ, jusqu'à ce que nous soyons tous parvenus à l'unité de la foi et de connaissance de Fils de Dieu, à*

l'état d'homme fait, à la mesure de stature parfaite de Christ, afin que nous ne soyons plus des enfants flottants et emportés à tout vent de doctrine, par la tromperie des hommes, par de la ruse dans les moyens de séduction, mais que, professant la vérité dans la charité, nous croissions à tous égards en celui qui est le chef, Christ »(Eph.4 :11-15).

La discipline qui prépare aux ministères occupe une place de choix dans cette école de Dieu sur la terre, à tel point qu'il y règne automatiquement l'obéissance et la soumission, parce qu'il y a aussi l'amour et la confiance. Chaque « étudiant - stagiaire » fonctionne en tant que disciple à part entière, recevant d'en-haut et en même temps donnant à la fois aux autres derrière soi. La grande épreuve de maturité pour les ministères, vient de Dieu qui les façonne, à la manière de l'aigle avec ses aiglons (Det. 32:11-12) avant de les lâcher. Mais bien avant cela, c'est-à-dire avant de les lâcher, le centre aura fait reconnaître leurs ministères sans ambages, et initié aux services de l'Eglise Universelles (1 Cor. 15 :58 et 3 Jn 2).

Après tout, si l'on considère l'exemple de Paul, on note qu'il n'était pas apôtre dès le début. Il était d'abord un nouveau converti, puis un simple disciple qui rendait témoignage dans les églises. Il a apparemment parlé en langues pour la première fois quand Ananias lui imposa les mains (Actes 9). Il continua à grandir. Dans le livre d'Actes des apôtres, 11 et 12, on le voit collaborateur de Barnabas ; puis vinrent les guérisons et les miracles. Au chapitre 13 du même livre, et verset1, il est décrit comme faisant partie des prophètes et docteurs de l'église d'Antioche. Enfin, il a été envoyé comme apôtre.

Voilà le schéma par lequel tout ministère doit se développer ! Cela doit en principe, être le chemin de tout ministère chrétien.

C'est fort regrettable lorsque les chrétiens actuels négligent le discipulat au détriment d'une « spécialisation artificielle » dans les écoles bibliques ou instituts théologiques pour devenir leader ! Mais de quel genre du leader ? Devenons-nous adulte sans passer par l'enfance, l'adolescence et la jeunesse ? Naturellement, non. Pourquoi alors nous chrétiens d'aujourd'hui, cherchons-nous à devenir des leaders sans jamais étaient disciples ? C'est absurde et une matière de réflexion pour chacun de nous.

CONCLUSION

L'Eglise corps du Christ comme tout corps vivant, est appelée à vivre, en respirant à plein poumons et en agissant face aux contraintes de son milieu extérieur et se conserver ; se reproduire à même de s'étendre géographiquement, numériquement et qualitativement. En effet, sa croissance doit être normale et régulière, qualitativement dans le sens du perfectionnement des saints et de l'édification du corps du Christ ; quantitativement dans le sens de l'expansion et de l'extension. Malheureusement les églises actuelles ont du mal à en arriver-là. Elles se débrouillent pour accomplir la grande mission que lui a confiée notre Seigneur Jésus-Christ, avant son ascension vers son Père : l'ordre suprême. Et pour cause ? Il y a d'abord l'ignorance de l'ordre suprême qui consiste à faire de toutes les nations des disciples du Christ. Ensuite vient la désobéissance silencieuse à cette recommandation divine ; au lieu de faire des disciples du Christ, ce sont « des avortons spirituels » que l'on engendre dans les églises. Les conséquences de cette mauvaise aventure sont multiples ; et de natures diverses :

Primo, d'aucuns sont les églises qui sombrent dans un simple activisme. Elles accomplissent de nombreuses activités évangéliques sans en tirer grand profit. Elles gaspillent alors leur temps, leurs énergies et leurs argents pour n'engendrer que les avortons spirituels, facilement bouleversables par des séductions du Satan, et entraînables à tout vent de doctrine.

Secundo, les membres des églises sont obligés de les quitter pour se former comme leaders dans les écoles ou facultés extra-ecclésiales mais pas comme disciples du Christ ; chose facile que dans le cadre de l'Eglise, la seule agence laissée par lui pour le perfectionnement des saints en vue de l'œuvre du ministère et de l'édification de son corps à même d'amener tout enfant de Dieu à l'état d'homme fait, à la mesure de sa stature parfaite.

Tertio, les églises connaissent des croissances apparentes en réunissant des foules aux cultes comparables à des cimetières qui se remplissent toujours sans qu'il y ait vie ou encore aux orphelinats pleins des bébés spirituels sans parrains spirituels pour leur éducation. En conséquence, la mauvaise éducation chrétienne est toujours à l'ordre du jour.

Quarto, nombreux pasteurs, responsables de leurs églises sont débordés par leurs orphelinats faute des chrétiens matures auprès de qui déléguer certains pouvoirs pour les épauler dans l'œuvre de Dieu. En effet, on ne peut pas bâtir quelque chose de solide avec des enfants. Héb 5 :12-13.

Comment l'Eglise en général sortira alors de cette situation ? Par l'obéissance à l'ordre suprême, le discipulat, qui recommande à chaque église locale en particulier, de faire des disciples du Christ. Aussi, il constitue une stratégie de travail qui permettra à chaque église de favoriser chez ses fidèles non seulement l'instruction mais aussi l'éducation chrétienne ; de perfectionner les saints de Dieu pour édifier le corps du Christ, moyens par lesquels un enfant de Dieu peut atteindre son idéal à savoir Christ. Cette stratégie permettra aussi bien à chaque église de réaliser des résultats exponentiels dans l'évangélisation, et même de conserver la moisson obtenue.

A cet effet, l'œuvre du Christ accomplie sous le soleil sera assurément pérennisée dans la vie des hommes. Même le monde entier peut-être gagné sans ambages et à moindre frais par cette stratégie, qui garantit la formation de tout fidèle dans une église locale en l'amenant à la mesure de la statue parfaite du Christ.

Ainsi, l'église sera non pas une véritable pouponnière d'où l'on entretient des membres comme des poupons en les divertissant, en les distrayant, et en les berçant sans répondre à leurs besoins fondamentaux mais une véritable école des disciples du Christ qui croissent normalement et y évoluent comme dans une pépinière spirituelle. En tout cas, sans une véritable consécration au discipulat, l'Eglise ne jouera pas mieux son rôle dans le monde, et l'évangile ne l'atteindra pas dans un temps record. D'ailleurs ne pas le faire, trahirait carrément notre sabotage envers notre Seigneur, qui lui-même a commencé par donner son propre exemple comme le premier disciple de son Père. Les Saintes Ecritures confirment cela dans les passages suivants :

« En vérité, en vérité, je vous le dis, le Fils ne peut rien faire de lui-même, il ne fait que ce qu'il voit faire au Père ; et tout ce que le Père fait, le Fils aussi le fait pareillement. Car le Père aime le Fils, et lui montre tout ce qu'il fait ; et il montrera des œuvres plus grandes que celles-ci…Ma nourriture est de faire la volonté de celui qui m'a envoyé, et d'accomplir son œuvre …Comme le Père m'a envoyé, moi aussi je vous envoie. Celui qui vous reçoit me reçoit, et celui qui me reçoit, reçoit celui qui m'a envoyé…Celui qui vous écoute m'écoute, et celui qui vous rejette me rejette ; et celui qui me rejette rejette celui qui m'a envoyé. » (Jn.5 :19 – 20 ; Jn.4 : 34 ; Jn20 :21 ; Mat.10 :40).

A cette fin, responsables des églises, pouvons-nous répondre à la grande préoccupation de Jésus-Christ :

« Pourquoi m'appelez-vous Seigneur, Seigneur, et ne faites-vous pas ce que je dis… » (Luc 6 ; 46-49). Amen !

POSTFACE

TRES IMPORTANT !!!

Chers lecteurs, il est probable que parmi vous un certain nombre n'ont pas encore des maîtres avec qui s'identifier comme disciples… ils le savent bien ! Aussi quelques-uns déclareront peut-être suivre directement le Seigneur Jésus à travers ses écrits seulement, c'est un véritable mirage !

En effet, on ne peut pas devenir imitateur de Christ de manière indépendante. Ceux qui ont tenté de le faire dans la mesure du possible, malheureusement ils sont loin d'atteindre la stature parfaite du Christ. C'est la frustration ! Notre Seigneur Jésus-Christ le sait, comme avait dit Salomon : *« un espoir différé rend le cœur malade, mais un désir accompli est un arbre de vie »* (Prov. 13 :12). Il nous a laissé ses répliques, capables de générer sa copie de génération en génération comme lui même l'a été de son Père (Jn. 5 :19-20,30). Ces empreintes de sa personne ne manquent pas, il est plutôt question de les découvrir. Pour ce faire, il convient de le demander à Dieu, révélateur de toutes choses (Jér.33 :3).

Un parrain spirituel peut ou ne pas être un pasteur ou votre parrain de mariage ou votre enseignant dans le contexte actuel, ou encore votre chef direct de département…mais quelqu'un en qui vous a retrouvé l'image de Jésus-Christ, comme idéal intermédiaire, capable de vous amener à un plein épanouissement. Une personne digne de confiance que vous aurez à suivre sur les traces de Christ, pour partager de la sorte son expérience.

Il n'est pas un oiseau rare, Dieu le connaît pour vous. Il n'est pas loin de vous. Si vous n'êtes pas encore derrière un parrain spirituel ou maître à l'image de Jésus-Christ, nous vous encourageons à le chercher. Il suffit de le réclamer à Dieu.
Etes-vous prêt à vous laisser parrainer dans une nouvelle direction par un aîné dans la foi ou parrain spirituel ? Sans doute, de vous-même, vous

ne pourrez pas atteindre la stature parfaite du Christ car Dieu n'a qu'une seule méthode dans cette matière : l'homme comme intermédiaire. Si oui, vous pouvez alors faire cette prière ensemble avec nous :

« Père Céleste, je viens à toi aujourd'hui au nom du Seigneur Jésus-Christ, pour que tu me révèles mon parrain spirituel que tu as préparé dès le temps éternels. De moi-même, je n'en peux plus car je suis sans freins. Illumines mes yeux et conduis-moi vers lui. Je m'engage à obéir comme à toi qu'importe le prix, comptant sur ton Saint-Esprit pour mon succès. La réplique de mon Sauveur, me paraissait loin d'atteindre, mais aujourd'hui, tu l'as approché de moi. Merci Seigneur Jésus-Christ, Amen. »

Si vous avez fait cette prière sincèrement, vous êtes déjà exaucé par Dieu. Votre père spirituel, disciple de Jésus-Christ est devant vous, qui à vous de faire un pas vers lui. S'il vous plaît, faites-nous part aussi de votre engagement afin que nous priions pour vous et que nous vous aidions dans cette nouvelle vision avec Dieu.

BIBLIOGRAPHIE

1. FOMUM Zacharias Tanee, *Faire des disciples*

2. ORTIZ Juan Carlos, *Le Disciple*, Editions Message, Mai 1983, 167p.

3. COTARDIERE Philippe de la, *L'univers, énigmes et découvertes*, Larousse, Flammarion, janvier 1999

4. GADINA Pierre : *Les lois de la vie spirituelle*, Messages radiodiffusés, Editions Paroles de vie, 1966, 145p.

5. HENRICHSEN W.A : *Former des disciples*, Editions Farel, 192p.

6. NYAMUKE Asial' Ubul : *La Sainte vision pour les villages sans catéchistes*

7. Mac Donald William : *Comment témoigner*, Texte original des cours par correspondance.

8. ROBERT Paul : *Dictionnaire Le Robert*, Société du Nouveau Littré, Paris 1978.

Table des matières

Prochainement :

- Mis au creuset de l'affliction

- Le succès de Dieu